U0874693

# 国际教育信息化典型案例（2015-2016）

吴 砥 尉小荣◎编 著

Case Studies of ICT in Education Worldwide (2015-2016)

北京师范大学出版集团
BEIJING NORMAL UNIVERSITY PUBLISHING GROUP
北京师范大学出版社

**图书在版编目(CIP)数据**

国际教育信息化典型案例. 2015—2016 / 吴砥,尉小荣编著. —北京:北京师范大学出版社,2017.7
ISBN 978-7-303-22783-9

Ⅰ. ①国… Ⅱ. ①吴… ②尉… Ⅲ. ①国际教育-信息化-案例-2015—2016 Ⅳ. ①G51-39

中国版本图书馆 CIP 数据核字(2017)第 219807 号

营销中心电话 010-58802181 58805532
北师大出版社高等教育分社网 http://gaojiao.bnup.com
电子信箱 gaojiao@bnupg.com

出版发行:北京师范大学出版社 www.bnup.com
北京新街口外大街 19 号
邮政编码:100875

印 刷:北京盛通印刷股份有限公司
经 销:全国新华书店
开 本:787 mm×1092 mm 1/16
印 张:13.25
字 数:202 千字
版 次:2017 年 10 月第 1 版
印 次:2017 年 10 月第 1 次印刷
定 价:40.00 元

策划编辑:路 娜 责任编辑:董洪伟 孟 浩
美术编辑:焦 丽 装帧设计:焦 丽
责任校对:陈 民 责任印制:陈 涛

**版权所有 侵权必究**
反盗版、侵权举报电话:010-58800697
北京读者服务部电话:010-58808104
外埠邮购电话:010-58808083
本书如有印装质量问题,请与印制管理部联系调换。
印制管理部电话:010-58800825

# 国际教育信息化典型案例（2015—2016）

## 编 委 会

李　波　　黄国祯　　郭　炯
乔爱玲　　饶景阳　　曾雪庆
陈新亚

## 作者简介

吴砥，华中师范大学教授，国家数字化学习工程技术研究中心副主任，教育部教育信息化战略研究基地（华中）副主任，湖北高校人文社科重点研究基地：湖北教育信息化发展研究中心主任，华中师范大学教育科学中心副主任。教育部教育信息化标准委员会副主任，中国教育发展战略学会未来教育专委会秘书长，教育部教育信息化督导专家组成员。

从事教育信息化发展战略、基本理论、关键技术和标准规范研究工作，先后承担国家级、省部级科研项目十余项。主要研究方向：教育信息化发展战略与政策规划、教育信息化核心指标与绩效评估、教育信息化领导力分析与评价、教育信息化标准与应用。

尉小荣，教育部教育信息化战略研究基地（华中）助理研究员。先后就读于东北师范大学、北京师范大学教育技术专业，参与了教育部—英特尔信息技术专项科研基金项目“国际教育信息化发展研究（2013）”、教育部科技委战略研究重大课题“教育信息化绩效评估研究”、国家社会科学基金“十二五”规划教育学重点课题“信息化促进优质资源共享研究”等一系列重大课题。主要研究方向：教育信息化国际比较研究、教育信息化绩效评估、教育信息化核心指标研究等。

# 前　言

信息技术创新的日新月异，使得以数字化、网络化、智能化为特征的信息化浪潮蓬勃兴起，信息化进入全面渗透、跨界融合、加速创新、引领发展的新阶段，以教育信息化带动教育现代化是我国教育改革和发展的战略选择，也是深化教育领域综合改革的重要组成部分。2016 年 6 月，教育部印发《教育信息化“十三五”规划》，提出全面提升教育质量，在更高层次上促进教育公平，加快推进教育现代化进程等重要任务，到 2020 年，基本建成与国家教育现代化发展目标相适应的教育信息化体系；基本实现教育信息化对学生全面发展的促进作用、对深化教育领域综合改革的支撑作用和对教育创新发展、均衡发展、优质发展的提升作用；基本形成具有国际先进水平、信息技术与教育融合创新发展的中国特色教育信息化发展路子。2016 年 7 月，中共中央办公厅、国务院办公厅印发《国家信息化发展战略纲要》，要求将信息化贯穿我国现代化进程始终，加快释放信息化发展的巨大潜能，以信息化驱动现代化，加快建设网络强国，大力增强信息化发展能力，着力提升经济社会信息化水平，不断优化信息化发展环境。

在大力提升教育信息化进程的时代背景下，收集教育信息化国际案例，通过案例分享和学习，引导各级各类学校利用信息技术转变教学模式，促进信息化手段在学校管理中的常态化应用显得尤为重要。2013 年，教育部启动信息技术专项科研基金项目“国际教育信息化发展研究”，形成了《国际教育信息化典型案例(2013—2014)》为代表的系列成果。2014 年，三项主要成果——《国际教育信息化发展报告(2014—2015)》《国际教育信息化典型案例(2014—2015)》和英文著作 *ICT in Education in Global Context: Comparative Reports of Innovations in K-12 Education*(2014—2015)受到广泛关注和高度评价。在此基础上，国际教育信息化发展研究项目组编著了《国际教育信息化典型案例(2015—2016)》，通过收集和整理国内外教育教学创新、学习环境与空间建设、教师信息技术应用能力的案例，了解国内外教育信息化发展动态，逐步形成教育信息化经验累积和模式推广的资料库，为教育信息化政策的制定和实施提供参考。

本案例集面向亚太、美洲、欧洲等地区，遴选一批具有较大国际影响力，并且取得良好效果的教育信息化案例。对案例实施背景、实施方案、实施过程、实施成效等进行深度分析，并探讨了这些案例的创新点和启示。案例集共整理案例 24 个，其中教育教学模式创新方面的案例 8 个(2 个国内案例和 6 个国外案例)，涵盖远程学习、混合学习、互动式在线学习等创新教学模式，从学校层面上展现了教育教学模式的具体实施过程；学习环境与空间建设案例 8 个(1 个国内案例和 7 个国外案例)，从在线学习平台、未来教室、数字校园、3D 打印学校等角度，介绍国内外信息化校园建设的优秀范本和先进经验；教师信息技术应用能力提升方面的案例 8 个(1 个国内案例和 7 个国外案例)，涉及学校、区域和国家层面教师信息技术能力建设和领导力建设实践。案例集试图在符合学术规范的基础上实现易读性、可视化，限于时间和水平，报告中难免会有瑕疵，恳请读者不吝指正。

# 目　录

# 第一章　绪　论

## 第一节　国际教育信息化典型案例遴选思路

为充分展现国际教育信息化发展概况，教育部连续三年启动信息技术专项科研基金项目“国际教育信息化发展研究”，该研究依托北京师范大学教育信息化协同创新中心及教育部教育信息化战略研究基地(华中)，汇聚国内教育信息化十年发展规划组的核心专家和众多国际教育信息化知名专家，为我国教育信息化发展提供借鉴和参考。在过去两年内，《国际教育信息化典型案例(2013—2014)》和《国际教育信息化典型案例(2014—2015)》一共遴选了 41 个具有国际影响力的教育信息化案例，案例涵盖发达国家与地区、发展中国家与地区及欠发达国家与地区，涉及了新兴技术应用、信息技术与课程整合、教育资源共享、教师培训、在线学习社区、在线教育等多个教育信息化领域的重大专题。

面向《2016 年教育信息化工作要点》以及全面深入推进“十三五”教育信息化工作的要求，2015—2016 年的案例集在前两年的基础上，力求进一步遴选具有影响力的国内外案例，针对不同发展阶段对教育信息化的不同需求，提出具有指导价值的教育信息化实践建议，案例基本分析框架如表 1-1所示。

**表 1-1　教育信息化典型案例分析框架**

| 组成部分 | 描　述 |
|---|---|
| 案例概述 | 案例基本资料，包括案例目的、时间、实施主体、面向群体等 |
| 案例背景 | 社会经济背景、驱动政策和前期基础 |
| 案例实施方案 | 案例实施理念和目标、推进机制和评估方法 |
| 案例实施过程 | 实施机构、经费支持、监管模式、推行机制、评价模式 |

续表

| 组成部分 | 描　述 |
|---|---|
| 案例实施总结 | 借鉴意义和启示 |
| 参考文献 | 包括网址、公开发表的报告、论文集、内部材料等 |

教育信息化涉及各级各类教育及教学、教研和管理各个层面，2015—2016年的案例集在教育教学模式创新、学习环境与空间建设、教师信息技术应用能力提升三个方面，从国家、地区和学校三个层面进行探讨，撰写思路如图1-1所示。国家层面聚焦于在国际上颇具影响力的国家和地区，选择相对成熟、具有较大借鉴意义和参考价值的项目。地区层面案例和学校层面的案例则选择具有实践参考价值的案例，便于地区和学校根据实际情况，有针对性地参考国内外案例的实践经验。学校层面的案例相对应地选择信息化基础设施较好的学校和信息化基础设施建设有待提高的学校。受经济条件的制约，不同发展水平的学校教育信息化基础设施建设的程度存在差别，信息化建设和应用之间的衔接关系到信息化和学科教学的融合程度，案例集侧重关注信息化硬件基础设施有限，但是在教育信息化应用方面有重大突破的学校，从信息化应用的角度探究不同硬件设施条件下的学校信息化发展途径。

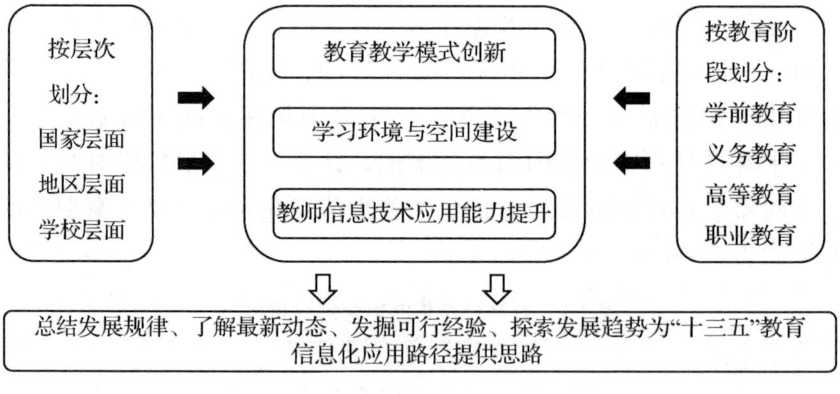


**图1-1　国际教育信息化案例撰写思路**

按照教育的不同阶段，案例尽可能地涵盖不同的教育阶段，包括学前教育、义务教育、高等教育、职业教育。由于基础条件不同，各级各类教育的信息化发展目标和重点也存在差异。例如，在基础教育阶段，实现教育公平、促进义务教育均衡是主要发展目标，而在高等教育方面，实现优质教育、促进技术与教育的深度融合是主要发展目标。因此，案例集所选案例力求全面反映不同教育阶段的需求。此外，案例集尽可能解决学校面临的现实问题。编者在遴选国际教育信息化案例时，注重把握和凝炼案例主题，把实践过程中真实的情景加以典型化处理，通过单个案例切实反映出学校在教育信息化发展过程中的现实问题及解决思路，不同的案例代表学校不同的现实诉求，案例涵盖地区如图 1-2 所示。

**图 1-2　国际教育信息化典型案例分布图**

## 第二节　国际教育信息化案例主题介绍

互联网、云计算、大数据等现代信息技术改变着传统的思维、生产、生活、学习方式，新兴技术不断涌现并逐渐被运用到教育领域，给教育带来持续和深远的影响并改变新一代学生的学习方式。2014 年 11 月 16 日，教育部、财政部、国家发展改革委、工业和信息化部、中国人民银行印发了《构建利用信息化手段扩大优质教育资源覆盖面有效机制的实施方案》，明确指出要加快推进教育信息化"三通两平台"的建设与应用。为了应对"十三五"规划对教育的需求，解决教育信息化在实践摸索中产生的问题，逐渐引导教育信息化从"重建设"向"重应用"转变，全面深化信息技术在教学、管理等方面的应用，2015—2016 年的案例集面向全球遴选相对成熟的典型案例，从教育教学模式创新、学习环境与空间建设、教师信息技术应用能力提升三个方面进行深入的探究和分析。

教育教学模式创新能够有效引导学生积极参与探索发现，培养学生自主学习能力、问题解决能力以及创新思维能力；提高教学效率，促进师生互动，促进教师个人发展；缩小城乡差距，加快实现教育公平。2015 年“国际教育信息化发展研究”成果发布会发布了十大信息技术支持的创新教学模式，本部分内容作为创新模式在实践中的落地，能够有效地引导信息技术与学科教学的融合。相关子主题包括翻转课堂、异地同步教学、协同知识建构、基于设计的学习等。

数字教学环境建设为信息化学习打造了相适应的学习环境，构建了与新技术特点相匹配的软硬件环境来支持学生创新学习。学习环境与空间建设以网络为基础，利用计算机技术、网络技术、通信技术等手段，实现从环境(包括设备、教室等)、资源(如图书、课件、素材等)到活动的数字化。本部分的案例围绕人的发展，介绍物理空间和虚拟空间的建设实例，促使学校中的教育教学活动所产生的信息在信息化环境中进行重组，从而形成全新的教育形态。相关子主题包括基于云计算构建的网络学习环境、基于物联网建设的智能化学习环境、无线网络和学习终端构建的普适性学习环境等。

《关于“十三五”期间全面深入推进教育信息化工作的指导意见》提到，要大力提升教师信息技术应用能力与学生信息素养，拓展师生适应信息时代需求的教学能力和创新能力。教师信息技术应用能力提升包括健全教师信息技术应用能力标准、加强教师信息化能力培训等多个方面，教师信息技术应用能力的案例有利于培养教师利用信息技术开展学情分析、个性化教学的能力，增强教师在信息化环境下创新教育教学的能力，使信息化教学真正成为教师教学活动的常态。相关子主题包括教师教育信息化培训、教育管理信息系统创新等。

# 第二章　教育教学模式创新案例

随着云计算、大数据、物联网、移动计算等新技术逐步广泛应用，经济社会各行业信息化步伐不断加快，社会整体信息化程度不断加深，信息技术对教育的革命性影响日趋明显。依托信息技术营造信息化教学环境，促进教学理念、教学模式和教学内容的改革，推进信息技术在日常教学中的深入应用，培养适应信息时代的高素质人才成为时代所需。"十二五"以来，特别是《教育信息化十年发展规划(2011—2020年)》的发布，教育信息化工作明确了促进信息技术与教育教学深度融合的核心理念，以及应用驱动、机制创新的基本方针，通过加强顶层设计和多方协同推进，以"三通两平台"为主要标志的各项工作取得了突破性进展。

《教育信息化"十三五"规划》强调通过融合创新提升教育信息化的效能，深化信息技术与教育教学、教育管理的融合，强化教育信息化对教学改革，尤其是课程改革的服务与支撑。聚焦教育改革发展过程中困扰教学、管理的核心问题和难点问题，将信息技术融入教学和管理模式创新的过程中，推动教育服务供给方式、教学和管理模式的变革。截至2016年9月底，全国中小学(除教学点外)中，87.5%的学校实现网络接入，配备多媒体教学设备的普通教室达279万间，占普通教室的74.6%；82.4%的学校已实现至少拥有一间多媒体教室，其中51.2%的学校实现多媒体教学设备全覆盖；学校统一配备的教师终端、学生终端数量分别为681万台和1 011万台，开通网络学习空间的学生、教师分别占全体学生和教师数量的33.6%和41.8%。[①] 部分地区还积极探索信息技术在众创空间、跨学科学习、创客教育等新的教育模式中的应用，着力提升学生的信息素养、创新意识和创新能力，养成数字化学习习惯，促进学生的全面发展，发挥信息化面向未来培养高素质人才的支撑引领作用。

---

① 中华人民共和国教育部.2016年9月教育信息化工作月报[EB/OL].[2016-10-25].http://www.moe.edu.cn/s78/A16/s5886/s6381/201610/t20161025_286157.html.

通过收集信息、实地考察、查阅网站等多种途径，编者对收集到的教育教学模式创新案例进行了筛选和梳理，共整理出 2 个国内典型案例和 6 个国外典型案例。国内典型案例有北京市初中开放科学实践活动和台湾行动科技融入古迹探究的活动实践。国外典型案例包括英国开放大学残疾人远程教育、新加坡崇辉小学数字资源制作、泰国一对一平板教学、法国免费软件学校 École42、美国密涅瓦大学在线互动式学习、西班牙基于个性化学习的互动式基础教育项目，这些案例都是应用信息技术进行教育教学创新的成功实践。通过对比各个国家和地区的创新点，分析各个国家和地区的创新形式之间的差异，促进人们对教学创新的认识与思考，也为我国教育教学模式创新提供一定的借鉴。

## 第一节　北京市初中开放科学实践活动项目①

### 一、基本信息

表 2-1 概括了本案例的基本信息。

**表 2-1　案例基本信息**

| 案例名称 | 北京市初中开放科学实践活动项目 |
|---|---|
| 案例范围 | 北京市教委 |
| 实施时间 | 2015 年至今 |
| 主要实施者 | 北京市教委、北京市教育科学研究院、北京教育网络和信息中心 |
| 实施对象 | 北京市初中学生(7～9 年级) |
| 相关网址 | www. kfsj. bjedu. cn |

### 二、案例概述

为深化教育领域综合改革，以考试评价改革为突破口，优化课程结

① 主要贡献单位：北京教育网络和信息中心

构，促进教与学的方式转变，推动学科、课程整合和校内外教育一体化，构建公平、优质、创新、开放的基础教育体系，《北京市初中科学类学科教学改进意见》要求科学类学科不低于10％的课时用于开放性科学实践活动，并且充分利用博物馆、科技馆、大学实验室和图书馆等社会资源。基于此，北京市教委于2015年启动了初中开放实践活动项目。该项目由北京市教委直接牵头，北京市教育科学研究院与北京教育网络和信息中心共同实施，其中北京市教育科学研究院负责课程内容与实施，北京教育网络和信息中心负责信息技术手段支持与管理服务。

开放科学实践活动服务于北京市7～9年级学生，通过整合高等院校、科研院所、科普场馆与博物馆、企业、教育系统重点实验室、社会团体等单位的各类资源，围绕物理、化学、生物等学科课程标准，开发、实施开放科学活动，构建无边界、跨学科的开放性学习服务平台，满足不同类型学生的个性化、多样化学习与发展需求。活动以科学探究为课程开发与实施的中心环节，鼓励学生开展独立探索和团队合作，综合培养学生的科学素养，提高学生综合运用知识解决问题的能力、交流与合作的能力、创新意识与动手实践的能力。

每项开放科学实践活动课程都设有明确的学习目标和任务要求，完成任务要求才能取得成绩。每位学生需完成一定量的实践任务，每一次活动计1分，平均每学科每学期获5学分的开放实践活动成绩。开放科学实践活动课程均来自社会教育资源单位，经评审后准入。北京市教育委员会面向社会发布征集令，邀请有志于青少年科技教育事业的社会单位参与，这些单位设计开发的开放科学实践课程分为自主课程和集体课程(含团体预约和送课到校)两种类型。学生可利用课余时间前往资源单位指定地点完成自主选课上课，也可以在学校的组织下完成集体课程。

整体项目实施支持O2O(Online To Offline，线上到线下)模式，资源单位开发设计课程后在线上提交审核并发布，学生在线上查看、预约，线下上课，教师在线上记录考勤，上传学生学习记录，学生自行上传作品与成果进行共享交流，开展线上评价等。全部过程采用信息化手段支持和完成。2015年共有851个开放科学实践活动向学生开放，北京市9万名七年级学生通过开放科学实践活动服务平台完成了实践任务。2016年年初有超过一千个活动上线，参与的社会资源单位和线上活动课程保持持续更新。在信息技术的支持下，学生在开放科学实践活动中走出了校园，更加注重体验、合作、探究和基于信息技术的学习方式变革，更加尊重学生的个性和选择，真正实现了学习方式的变化，让学生生动活泼地发展。

## 三、案例实施与推进

### (一)实施背景

北京是全国的科技创新中心，科技资源密集，人才优势突出。首都教育的战略主题是坚持以人为本，全面推进素质教育，这要求不断改革人才培养模式，建立更加灵活开放的学习平台、资源更加丰富的实践育人平台。为落实《北京市中小学培育和践行社会主义核心价值观实施意见》(京政办发〔2014〕52 号)、《北京市基础教育部分学科教学改进意见》(京教基二〔2014〕22 号)、《北京市实施教育部〈义务教育课程设置实验方案〉的课程计划(修订)》(京教基二〔2015〕12 号)和《北京市教育委员会关于本市中考中招与初中教学改进工作的通知》(京教计〔2015〕35 号)，进一步深化教育改革，积极推进基础教育供给侧结构性改革，突破原有单一结构的课程供给、资源供给模式，关注每一个学生的实际获得，北京市设立了初中开放科学实践活动，旨在立足丰富的科技教育社会资源，构建更具开放性的教与学的模式，为学生提供生动的体验、合作、探究类的学习活动，提升学生的创新精神和实践能力。北京市开放科学实践活动作为教育公共服务的一部分，由财政资金支持，学生和学校不需要支付费用，资源单位根据开课数量等进行资金结算。

### (二)实施过程

1. 项目工作的组织结构

北京市开放科学实践活动项目主要有四个主要的职能团队。

(1)科学实践活动教学团队

科学实践活动教学团队由社会资源单位组成，主要包括高等院校、科研院所、科普场馆与博物馆、企业、教育系统重点实验室、社会团体等单位。资源单位要求能够开发符合学生学习需求的开放科学活动项目；具有开展开放科学活动项目的场地和设施，符合国家相关安全标准；具有开发和实施开放科学活动的专业科研、技术人员或科技教师；

具备一定的接待能力和教学能力，根据征集条件自愿参与接受审核和考察，最终获得准入资格。

(2)技术与服务团队

技术与服务团队由北京教育网络和信息中心担任，技术与服务团队全面负责开放科学实践活动中与信息技术相关的规划、监督、协调和支持工作，搭建信息化平台，提供应用系统，开发研制相关工具，为学生、教师提供技术支持等。创造或寻找适合开放科学实践活动的各项技术，如签到、过程性记录、实施流程控制等。

(3)督导评估团队

督导工作包括北京市教委内部督导和督导室专项督导两部分，对开放科学实践活动的整体开展情况进行全面监控评估，团队主要由教委工作人员、督导室工作人员、外聘专家等组成。

(4)专家组及管理团队

专家组及管理团队由北京市教育科学研究院担任，主要工作任务在于征集资源单位及评审课程，制定上课规则，课程的定期更新，以及资源单位日常管理等。

2. 课程类型

主要包括自主选课、团体预约、送课到校三种类型。自主选课是指学生利用网络管理服务平台，按照学习兴趣自主选择不同社会资源单位提供的丰富的活动项目。每次参加活动的学生可来自不同区、不同学校、不同年级班级。学生可在家长的带领下或者自行前往社会资源单位进行学习，学习时间主要为放学后、周末、假期等课余时间。团体预约是指学校在征求学生意见的基础上，由管理教师为学生进行活动项目的团体预约。学校安排统一时间，组织、接送学生到社会资源单位进行学习。送课到校是指通过社会资源单位送课到校的方式组织学生开展科学实践活动。专门设立初中开放性科学实践活动流动基地，重点为远郊区的学生提供服务。

3. 实施流程

北京市开放科学实践活动有五类参与者，分别为资源单位、业务管理部门、学生(家长)、资源单位授课教师、校内任课教师。实施流程包括资源单位及课程征集、审核，课程发布，学生及学校预约，实践支持以及评价，如图 2-1 所示。

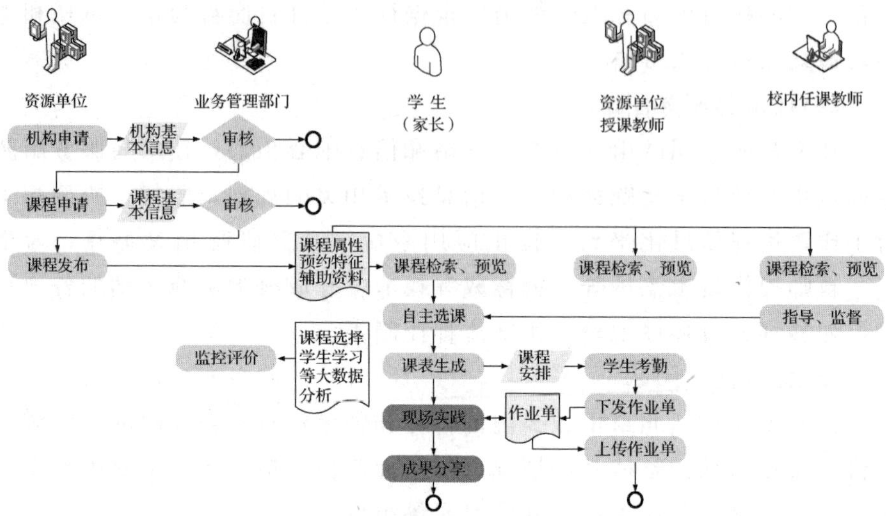


**图 2-1 北京市开放科学实践活动项目实施流程示意图**

(1)资源单位及课程征集、审核

北京市教委通过多种途径向社会发布征集令，有意向的单位在指定时间内注册登录开放实践活动平台并提交相关资料接受审核。对实践课程的要求是具有高度开放性、实践体验性和广泛参与性。北京市教育科学研究院及专家组在评估资料的基础上，结合考察和现场质询答辩的方式，完成对资源单位及实践课程的评估审核，所有的过程利用信息化平台完成。

(2)课程发布

只有通过审核的实践活动课程信息才能在课程发布环节中被看到。资源单位可以查看本单位通过审核的活动项目，并在此基础上发布开课时间、地点、课程类型(学生自主课程或集体课程)、上课人数要求等。发布时可使用图片、视频、文字等多种形式对课程进行说明，同时要发布本课程的“任务单”。任务单是课程内容的综合呈现，也是学生的学案，向学生展示学习目标、任务、要求，记录学生的学习过程。

(3)学生及学校预约

自主课程的预约由学生自行完成。学生登录后可以查看已经发布的自主课程，根据个人的兴趣爱好和时间安排进行预约，也可以收藏并推荐分享给同伴。如果自己喜欢的课程已经约满，学生可以登记“我很想上这门课”，之后再次开课时会收到信息提醒。集体课程(团体预约和送课到校)的预约由学校教师完成。教师根据具体需求和整体学习进度查找合适的集体课程，添加学生名单，并提出期望的上课时间等提交给资源单位。预约成功后，相关学生会收到信息提示，并可以在平台中查看到自己的集体活动安排。

(4)开展实践支持

学生课前可在平台中根据实践课程的任务单及提供的相关资源开展预习，了解学习背景知识等。到了科学实践活动现场，资源单位教师在平台上通过核对照片及扫码识别等多种方式完成学生的签到记录。课程时长为 2 小时，要求约 2/3 的时间用于学生动手实践。学生和教师可以随时通过应用程序(APP)查阅相关资源，记录学习过程，开展学习交流。一些任务完成后在任务单上要有所记录，教师需要将其拍照上传至平台上，作为学生学习的最重要成果之一。学生可以自行上传实践成果，将自己的学习记录下来并分享给其他同学，形式不限。学生的学习数据、成果、得分情况最终计入学生的成长档案和综合素质评价中。

(5)评价

学生课后可在平台上开展学习评价，包括学生自评、互评、对课程的评价和对资源单位的评价等，有星级打分和文字说明等多种形式。其中，学生对课程的评价结果是该课程能否继续应用的重要依据。督导团队全程参与，对实施过程和结果进行监控与评估。

**(三)实施效果**

2015 年秋季学期，北京市全市范围内的近 9 万名 7 年级学生在信息平台的支持下完成了超过 43 万人次的开放科学实践任务。851 个开放科学实践活动项目，涉及自然与环境、数据与信息、能源与材料、结构与机械、健康与安全、电子与控制、其他等领域的最新科技成果，每个领域的具体项数及所占比例详见图 2-2。这些开放科学实践活动项目分布在全市范围内近 600 个上课地点，覆盖了北京市 16 个行政区域中的 15 个。2015 年秋季学期共发布自主选课、团体预约、送课到校三类课程 55 338 次，根据每次课实际设置的接待人数(30～50 人不等)统计，按照全市七年级学生 9 万人计算，平均每个学生的选择量大约为 30 个课时。2015 年秋季学期全市七年级学生总数预约总人次数为近 43 万人次，占平台发布总课时的 30%，其中自主选课 18.7 万人次，团体预约 23.8 万人次。

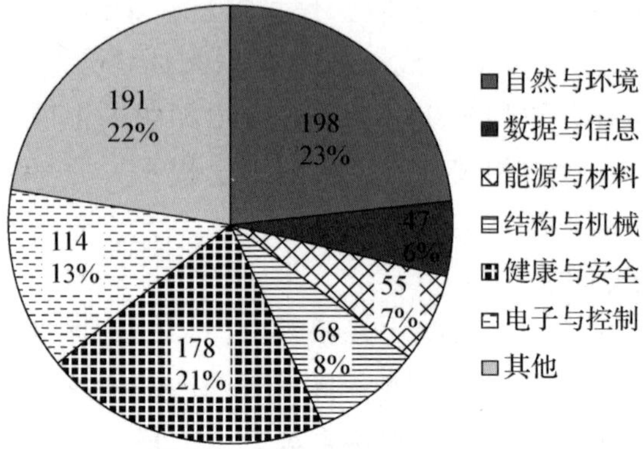


**图 2-2　活动项目分布情况**

开放科学实践活动启动后，网上抢课成为学生间的热门话题，课程的趣味性受到学生和家长的好评。截至 2016 年 1 月中旬，“北京市初中开放性科学实践活动”相关舆论信息共计 1 952 篇，其中新闻信息 1 320 篇(含新闻客户端新闻 114 篇)，论坛博客 256 篇，微博信息 242 篇，微信公众号文章 134 篇。北京新闻广播在官方微博发表言论，学生对这种上课形式非常欢迎，觉得比只在课上看录像好很多。《中小学信息技术教育》在专题综合报道中征集了各方反馈，其中有学生认为这样的课“很接地气”，家长说“我和学生都对这样的实践活动充满期待”，资源单位反映愿意开发出为初中生“量身定制”的精品课程。

## 四、案例特点与创新

开放性科学实践活动的整体设计思路是整合广义的教育资源，体现了政府对基础教育治理方式的变革。这类活动鼓励学生走出校园，让不同学校的学生因为兴趣爱好聚集在一起。学生通过实践活动参与不同领域的研究，体验不同教师的课堂，和不同类型的学生进行交流，从而形成自身的创造力。初中开放性科学实践活动项目将推动建立广泛的教育供给统一战线，所有的工作都聚焦在学生的实际获得，在基础教育阶段建立有利于学生消费的广义资源供给，案例特点主要表现在以下几个方面。

一是采用 O2O 模式，实现线上与线下、正式学习与非正式学习的整合。学生的活动实施是在实践课堂上完成的，但活动之前、中、后的任何环节都离不开信息平台的支持。课程发布与检索、课程预约、课前学习准备、课上支持、课下完善成果与评价等，以及贯穿全过程的信息传递、数据采集记录，根据学生学习记录提供的信息推送等，给学生创造了一个信息化开放实践学习环境，实现了学习过程线上线下相结合。二是打破校园围墙，让学生走进社会大课堂中开展科学探究。社会教育资源可谓是丰富多彩，但如何为教育所用，是一个难度很大的实践课题。北京市开放科学实践活动进行了有效的探索，尝试在全市范围内征集优秀资源，打破区域限制，最大限度地发挥学生的自主性，满足学习的个性发展需要，这是教育改革和教学方式转变的一个突破。三是以人为本，尊重学生的个性与选择，为学生提供更加精准、个性化的学习服务。关注每一位学生的个性需求，满足学生不同的兴趣爱好，打破了以往教学活动中的班级界限，让学生的个性在丰富充足的资源中得以定位和培养。四是采用大数据分析技术，实现对学习过程性数据的采集与记录，便于对学生的学习和成长过程进行分析，其分析结果可为学生成长提供进一步的服务，也能为下一步工作的开展方向提供依据。

## 五、案例经验与启示

北京市初中开放科学实践活动项目取得了明显的成效，案例有待提高的地方主要包括以下几个方面：一是O2O模式的科学实践活动对群体的整体信息化普及程度和使用者的信息素养有一定的要求。北京市整体信息化普及程度较高，基础设施、学习环境和师生信息能力等方面具备信息化应用基础，但从全市范围看，仍存在发展不够均衡的现象。例如，部分山区学校学生的信息能力还有待提高。二是社会资源有待进一步开发和利用。社会资源丰富多彩，目前已经发挥作用的只是冰山一角。随着学生的选择、督导评估的反馈等，逐步开展资源单位和实践活动的更新和优化，不断提升品质，才能为学生带来更好的学习体验和收获。同时，要扩充资源类型，逐步纳入校本实践等课程，满足不同层面学生(如特殊教育)的实际学习需求。三是相关工作机制有待建立健全，如课程监管机制、资源单位考核办法、学生的学习跟踪机制等有待在实践中逐渐完善。

# 第二节　英国开放大学残疾学生远程教育

## 一、基本信息

表 2-2 概括了本案例的基本信息。

**表 2-2　案例基本信息**

| 案例名称 | 英国开放大学残疾学生远程教育 |
| --- | --- |
| 案例范围 | 13 个地区教学中心，352 个学习中心 |
| 实施时间 | 2010 年 |
| 主要实施者 | 英国开放大学 |
| 相关网址 | www. open. ac. uk |

## 二、案例概述

英国开放大学(The Open University)成立于 1969 年，目前已建成 13 个地区教学中心和 352 个遍布全英和欧洲的学习中心，学校采取远程教育体制和多媒体的教学模式，为开放教育注入了新的内涵。英国开放大学从创办伊始就非常重视满足残疾学生的学习需求，学校启动"实现更大程度无障碍"(Securing Greater Accessibility，SeGA)工程。"无障碍"包括技术的无障碍、教与学的无障碍、机构的无障碍、课程无障碍指南、数字化学习基础设施的无障碍等。英国开放大学近年以及目前开展的无障碍研究包括：无障碍标准和度量、遥控教学实验室、盲人三维音频虚拟空间、个性化无障碍以及学习分析在无障碍和残疾学生支持服务中的应用。[①] SeGA 工程设立了一系列目标，包括厘清责任与担当；提高课程对残疾学生的便利性；增强对员工角色和责任的理解；加强对

① 马丁・库珀．如何满足远程教育残疾学生需求？——来自英国开放大学的经验[J]．肖俊洪，译．中国远程教育，2014(12)：18-27.

"合理调整"的归纳总结；降低学校调整的总成本；积累开展无障碍实践的经验；关注向学生提供的不同层次无障碍服务等。

## 三、案例实施与推进

### (一)实施背景

英国开放大学目前是欧洲规模最大的教育机构之一，其前校长约翰·丹尼尔(John Daniel)评价它是一所"巨型大学"，目前的学生人数超过 24 万，包括 1.9 万多名本科层次的残疾学生。英国开放大学通过分布在全国各地的约 7000 名辅导教师即"合作讲师"(Associate Lecturers)开展教学活动。"开放"和"有支持"是英国开放大学远程教育模式的特点，"开放"指的是没有入学门槛，任何人都可以来开放大学学习。英国开放大学坚持使用有效的教学辅助技术。比如，早期广泛使用电视和无线电播出课程，除了常规印刷资料以外，学校还提供其他选择，如活页装订、大号字体版本、盲文等。1979 年，汤姆·文森特(Tom Vincent)设计了一款计算机，专供盲人学习英国开放大学课程使用。20 世纪 90 年代末以来，互联网越来越成为英国开放大学远程教学的核心技术手段，伴随着互联网而出现的新工具也促使英国开放大学不断创新教学方法，英国开放大学从创办以来一直在为满足残疾学生的需求而不懈努力。

英国开放大学的使命是"对人的开放、对地点的开放、对方法的开放和对观念的开放"，宗旨是"通过向所有人提供优质大学教育来扩大教育机会、促进社会公平"，核心价值观是"平等、多样性"。平等和多样性包括向残疾人士提供高等教育机会。英国开放大学必须保证其教学方法和学习内容无障碍，彰显社会公平，积极努力扩大高等教育机会。

### (二)实施过程

1. 英国开放大学的"无障碍"

(1)技术的无障碍

英国开放大学的网络以《网页内容可访问性准则 2.0》为基础，提出自己的网站可访问性准则。英国开放大学除了常规印刷材料外，还提供了其他可供选择的材料，如向视障和诵读困难的学生提供的录音材料、向某些肢体残疾学生提供的活页装订材料，新近又提供了 DAISY(数字化无障碍信息系统)格式和 ePub(电子出版)格式的电子书，这些都有助于消除在线教学障碍。近年来，基于XML(可扩展标记语言)的标准化创作系统(Standardized XML-based System for Authoring)的使用，制作替代格式材料已经成为主流。这一系统所产生的XML可以方便地转变成特殊印刷版本或DAISY和ePub格式的电子版本。

(2)教与学的无障碍

无障碍学习设计本质上意味着不管学生因肢体残损、感官残损还是认知残损都必须确保所有学习目标得以达成。从学习设计角度来讲，无障碍学习需要保证视觉残损的学生能理解所有图表。此外，英国开放大学的访问中心能够对残疾学生进行评估，从而决定相应的教学方法和辅助技术。符合一定条件的学生有资格申请政府补助或者残疾学生津贴，用以购买所需设备，英国开放大学向不符合条件的学生提供有限贷款计划。

(3)机构的无障碍

无障碍的实现需要机构各部门的支持。图2-3展示的是2013年以前贯穿课程生命周期不同阶段的无障碍角色。英国开放大学目前正在改革课程教学阶段学习支持服务的组织方式，但是，学习支持的角色基本没变。

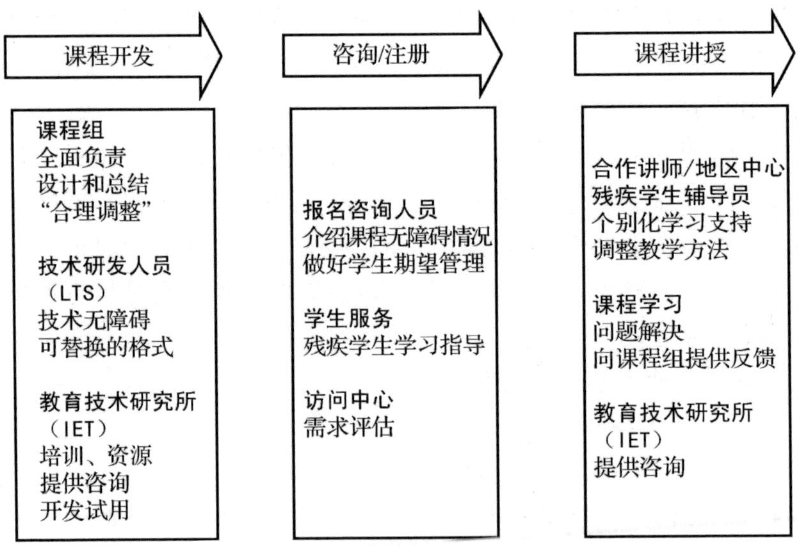


**图2-3 贯穿课程生命周期不同阶段的无障碍重要角色**

(4)课程无障碍指南

英国开放大学设置的专业包括医学、社会学、影视学、管理学、心理学等。大学针对盲人提供基础医疗知识传授，对行动不方便的学习者提供以上肢技能为主的专业知识，如编制工艺、电脑维修、绘画、声乐等。①

学校鼓励课程组制订具体课程的无障碍指南。指南收录了课程组为该课程设计的无障碍措施，重点介绍了可能会对某些残疾学生带来挑战的学习活动，说明没有参加这些活动对课程成绩会有什么影响以及有哪些替代活动供残疾学生选择。因为无障碍措施是有某些限制的，虽然有些学习活动在设计时已经考虑如何扫除障碍的问题，但是对于一些残疾学生而言，他们直接选择替代活动更有可能取得好效果。比如，艺术史课程可能会要求学生完成视觉辨别活动，以了解西方艺术透视法的历史。然而，盲人学生不可能完成这个任务，因此采用文本活动可能更加合适，文本活动可以涉及同一话题，或者涉及对于这门课程来讲同等重要的另一个话题。

(5)基础设施的无障碍

教与学的系统以及这些系统所传送的内容都必须是无障碍的。英国开放大学基于应用程序 Moodle 开发了自己的虚拟学习环境。在启用初期，投入大量精力做好无障碍工作，并把这些经验反馈给开源 Moodle 社区。英国开放大学教育技术研究所设立了一个部门，采用任务型启发式方法，直接在残疾学生中进行用户测试，对准备投入教学使用的软件进行无障碍测试，还采用同样的方法测试本校研发的系统。英国开放大学采用第三方的在线学习工具，同时也开展自己的研发工作。因此，在研发或采购这些影响课程教学的基础设施工具时，无障碍问题是必须考虑的因素，这是一个有待不断改进的领域。如果有些残疾学生觉得某方面有困难，在对课程进行更新时必须尽量解决这些问题；如果无法解决，必须向课程组和学生提供临时解决方案。

**2. 无障碍专业水准**

“欧洲无障碍终身学习的统一方法”(European Unified Approach for

① 崔建军等．充分利用远程教育优势，开拓为残疾人服务的教育领域[J]．新疆广播电视大学学报，2010(2)：14-17.

Accessible Life Long Learning，EU4ALL)项目是欧洲委员会资助的一个重大项目，该项目历时4年多(2006年10月至2011年3月)制订了一个概念和技术框架，该框架主要用于帮助高等教育机构在教与学方面能更多地被残疾学生接受，内容包括无障碍个性化和一系列电子服务。EU4ALL项目在第一年开展了广泛的背景调查，为提出的四阶段模型打下了基础。EU4ALL无障碍专业水准四阶段模型作为评估机构无障碍专业水准和制订改进目标的工具，可以用于评价各大学在满足残疾学生需求方面达到的水平，它曾被一个调查欧洲大学无障碍状况的研究项目采用，后来又被用于开放大学和其他大学的评估，EU4ALL无障碍专业水准四阶段模型如图2-4所示。

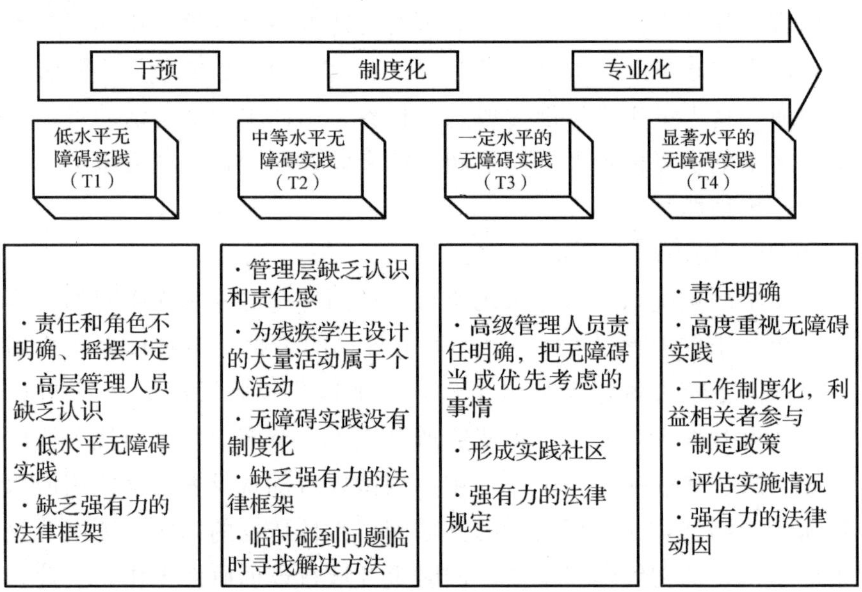


**图2-4 EU4ALL无障碍专业水准四阶段模型**

## (三)实施效果

目前英国开放大学每年注册的残疾学生约12 000人(约占学生总数的6%)①。在线教育使很多残疾学生获得教育机会，但却给另外一些残疾学生带来挑战，这些挑战并不仅仅针对学生。一方面，新技术要求采

① 杨朝晖．英国开放大学图书馆远程教育中残疾读者服务现状及启示[J]．图书馆论坛，2013，33(5)：55-58.

用新教学方法和设计有别于资深教师已习惯的教学活动；另一方面，对于自身残疾的教师而言，新技术也给他们带来挑战。互联网上常用的教育工具包括交互软件、社交媒体等，在使用这些方法和工具时，无障碍应该是选择这些工具的标准之一，有时还需要进行必要的修改或提供使用指导，然后才能用于实际教学活动，但是一些具备上述性能的专利和开源工具在无障碍方面明显存在缺陷。

## 四、案例特点与创新

英国开放大学为了确保残疾人能够成功地进行学习，提供各种支持服务，包括设备、资助、学习建议、安排各种不同类型的课程学习指导以及相应的考试服务，甚至安排住宿及必需的生活助理。主要针对伤残人、盲人或弱视学员、聋人或听力困难人士、行动受限的学员、手部残疾学员这五类学生提供帮助。

英国开放大学形成了完整的支持服务体系，地区管理中心在支持服务中起核心作用。在地区管理中心的安排下，由兼职人员提供本地化、个性化的支持服务。英国开放大学采用混合式学习模式，印刷文字教材仍然是主要的媒体。学生一方面基于多种媒体的教学资源进行自主学习，利用广播电视和录音录像等视听教材、网络课程进行学习；另一方面，通过接受面授辅导、参与小组学习和各种网上教学活动，进行自主学习和协作学习。在英国开放大学，基础课程和某些高级课程还要求学生必须参加为期一周的短期住宿学校，也称暑期学校。英国开放大学也积极开展电子远程学习，发挥其交互性的优势，使用传统媒体和新媒体之间的平衡来实现最好的学习效果。

## 五、案例经验与启示

只有处理好无障碍问题，残疾学生才能享有参加在线教学活动的平等机会。要保证残疾学生享有平等的学习机会就必须举全校之力，虽然英国开放大学的经验是一个范例，但是其他大学、公司或机构不能照搬英国开放大学的经验，而必须根据自身情况作相应调整。如果在设计学习活动时充分考虑无障碍问题，这些活动便能以多种方式促进学习，从教学方法层面讲考虑也是周全的。扫除障碍既能扩大高等教育学习机会，也能促进教育质量的全面提高。

为确保开放远程教学活动的正常进行，保证各项教学任务的顺利完成，必须科学决策，周密布置，职责分明，使服务职能落到实处。同时还要管理规范，简化管理流程。比如，对入学测试、选课、注册交费、毕业、获取学位等各环节服务要落实步骤，简化程序。还要设立公共信息平台，利用注册使学习者与各类服务者之间保持沟通，保证每一个学习者享受便捷、到位的服务。服务标准化、规范化，这就需要建立专业化的服务队伍，强化管理人员的敬业精神与服务态度。

丰富优质的学习资源是确保远程教育成功的关键。要聘请由名家、专家组成的主讲教师，组成教师团队共同进行资源建设，打造课程品牌。课程由主讲教师、主持教师、责任(面授)教师全面管理。课程教师应充分信任、尊重和关怀学习者，深入理解课程特点及教材内容，将学习与现实生活联系起来，用精湛的教学艺术和广博的学识来促进学习者积极主动地学习。要从课程原则、课程定位、发展策略方面完整地构建具有特色的课程体系，使课程能适应经济、社会发展的需求，体现时代的特征，适应学习者多样化发展的需求。

教育本身是培养人的活动，要顺应人的成长与发展规律，应充分了解学生的个性差异，分析学生的潜能，教学过程中要给予学生充分的理解、尊重和关爱。与普通学校的学生相比，参加现代远程教育学习的学习者基础相对薄弱，学习中遇到的困难和阻力更大，因此需要更多的人文关怀。必须要为学习者提供一个良好的网上学习和交流环境，以排除独立学习的孤独感，增强其持续学习的积极性。技术服务包括帮助解决远程教育机构在教学和管理方面遇到的所有技术问题。应该充分发挥教育信息化的优势，对学习者的学习给予及时的技术帮助。比如，对学生所经常遇到的课件下载和播放、讨论平台、学习材料下载等问题能随时给予提醒与指导。创新技术手段，解决学生学习过程中遇到的各种困难与问题。利用现代通信手段，使学习者的学习更为方便、快捷，在学习型社会中形成符合残疾人学习特点的随时、随地的泛在学习。

# 第三节 新加坡崇辉小学数字教学资源制作

## 一、基本信息

表 2-3 概括了本案例的基本信息。

**表 2-3 案例基本信息**

| 案例名称 | 新加坡崇辉小学数字教学资源制作 |
|---|---|
| 案例范围 | 新加坡崇辉小学 |
| 实施时间 | 2008 年至今 |
| 主要实施者 | 新加坡教育部和信息通信发展管理局(IDA)、新加坡崇辉小学 |
| 实施对象 | 新加坡崇辉小学全校师生 |
| 相关网址 | www. beaconpri. moe. edu. sg |

## 二、案例概述

新加坡"未来学校"(Future Schools)是新加坡教育部和信息通信发展管理局的合作项目，该项目的主要目标是通过组建学校团队来提供可行的教育教学模式，将信息技术整合到课程中，帮助学校更好地利用信息技术创新教学实践。新加坡信息通信发展管理局在"智慧国 2015"(Intelligent Nation 2015)计划中强调，"未来学校"不仅要适时开发形式各异的教育样本以满足不同学习者的需求，而且要成为使用类似交互式数字媒体等信息技术的示范学校。

2007 年，新加坡教育部选出五所"未来学校"以实施"未来学校"计划(Future Schools @ Singapore programme)，分别是裕廊中学(Jurong Secondary School)、克信女中(Crescent Girls' School)、康培小学(Canberra Primary)、崇辉小学(Beacon Primary)和华侨中学(Hwa Chong Institution)①。

① 王冬梅．新加坡"未来学校"的实践探索及其对我国的启示[J]．外国教育研究，2012，39(4)：38-45.

新加坡崇辉小学是新加坡“未来学校”项目的先锋学校，学校课程设计注重在教学过程中充分利用信息技术，以寻找创新的教育教学模式为核心任务，利用信息技术的优势鼓励新一代青少年自主参与学习活动之中。随着新兴科技和互联网社区的发展，学习场所不仅仅局限于教室内，学校大胆尝试改革课程和教学实践创新，涌现出新的教学方式，将教学实践和信息技术融入学校教学活动之中。

## 三、案例实施与推进

### (一)实施背景

新加坡崇辉小学位于新加坡西部地区，学校始建于 2008 年，现有学生 1 200 多人，教职工 100 多人。学校采用多元的方式为学生提供必要的计算机设备，一年级到三年级的学生由学校为每个学生提供计算机，四年级或者以上的学生购买自己的笔记本电脑。学校针对所有的学生实施一对一项目，即一个学生配备一台计算机。同时，针对学生电脑所有权方案的挑战提供了解决方案，超过 85%的全功能笔记本电脑和互联网宽带订阅 3 年的费用由新加坡信息通信发展管理局资助。自 2008 年以来，新加坡许多其他中小学也纷纷效仿此方案创建信息化学习环境。

图 2 5　新加坡崇辉小学一对一学习环境

### (二)实施过程

#### 1. 数字化故事制作

新加坡崇辉小学探索出一些有趣的教学创新实践。例如，一年级到三年级的学生可以在语言课堂上利用文字、图像、声音创造个性化的数字化故事。数字化故事制作已经成为语言课程的一部分，也成为信息技术和教学融合的标志性方法之一。

图 2-6　学生使用平板电脑数字化讲故事

无论儿童或者成人都可以通过讲故事的方式高效学习，在讲故事的过程中无意识地促进学习者学习，帮助学习者表达自己的看法并记录自己的亲身经历。由于故事让学习者积极表达，同时反馈对外部世界体验的意义，教学上也可以通过讲故事的方法评估学习目标是否实现。数字化工具使分享、修改、评判故事的过程变得更加简单。学生利用专门技术(如文字处理软件)写故事，甚至可以添加背景音乐，画外音叙述的图像和视频片段，然后采用通信工具实现共享，这种使用个人数字技术并且结合不同的多媒体技术讲故事的方法成为多媒体教学中的新形式。

数字化故事制作不仅仅是利用信息技术分享个人故事，其特性还在于关注口头语言技能和自然认知过程。数字化故事需要学习者编写一个脚本，包括适当的照片或剪贴画，插入适合故事的音乐，并添加记录声音作为给目标受众讲述的内容。通过建立个人叙述，学习者成为多媒体的积极创造者，利用多媒体叙事突破传统的自我表达。学习者可以通过图片、视频或声音等方式创造性地表达自己的意见，并自由地与世界其他国家分享。

英语教师采用数字化故事制作的方法进行语言教学并培养学生的数

字化素养。学生在讲述故事前会获得一系列的任务，其中包括收集他人的意见，对某文档的概要进行标记，起草故事大纲等。当学生在不同时间完成不同任务时，教师会及时提供反馈。学生用软件创建数字化故事，最后通过网络将故事刊登出来，教师、同学和家长可以随时查看，提出意见或建议，或者附上鼓励和支持的话语。多彩的视觉效果和音乐为学生将自己的想法转换成文字提供了强有力的支持。通过信息技术展示数字故事非常便利，学生可以轻松地创建和完善他们的故事并在创作过程中互相学习。在记录故事的过程中，教师会鼓励学生尽可能多地阅读和录音，甚至不断更新现有的版本，直到学生对自己的数字读物感到满意。

**图 2-7　学生将声音输入数字化故事中**

2. 翻转课堂模式

在上课前，新加坡崇辉小学的学生观看由教师自己录制的微视频学习。学生在课堂上完成教师预留的作业，教师会根据需要分析重难点，聚焦练习前的学习疑惑点。翻转课堂的方式受到教师和学生的喜爱，学生普遍反映翻转课堂有助于他们的学习并能提高学习成绩，尤其是对于数学学科。

教学是在课堂外进行的，课堂时间是小组和个人用于解决问题，进行讨论和实验的。翻转课堂教学模式要让学生将时间用在完成他们自己的学习和解决问题上，教师可以在必要时进行帮助。具体内容就是进行数字教学，教师制作教学视频或者应用其他媒体，在上课前进行呈现，同时互联网也为翻转课堂提供了良好的环境。

3. 应用博客和开源软件

互联网的发展让在线教育软件变得更加受欢迎，主要原因在于这些在线软件简单实用，并且成本低。新加坡崇辉小学对在线教育软件应用程序的使用相当广泛，教师设博客网站并在网上积极上传教学信息与资源。教师每周会对博客网页进行维护，更新网上教学资源、游戏和操作材料。博客允许学生接触与课堂内容相关的、合适的教育网络游戏和操作材料。教师使用免费且随时可用的在线教具使他们的课堂更有趣。例如，数学教师的博客网站可以自由链接到数学在线测验，方便学生利用信息技术进行自主学习。在这个过程中，学生能够通过自查明确学习程度，还可以创造自己的在线期刊，参与网上对话，通过博客的评论交换彼此的意见和建议。

新加坡崇辉小学的所有教师都在他们的课中使用博客，不仅用来传播信息和促进在线协作学习，同时也可以作为一个网络平台连接到其他软件应用程序。学习管理系统主要就是通过实施小程序和在线测验，促进学生学习与主题相关的内容。教师和学生可以使用搜索引擎来寻找教学和学习的补充资料，利用网络数字视频教学和巩固概念。对学习内容讲述的博客网站成为通往其他网站的必要途径，博客也成为学生保持在线异步讨论的有力平台。

**(三)实施效果**

1. 评估结果

信息技术是助推教育创新的重要引擎之一，正在深刻影响并改变新一代学生的学习方式。信息技术在教育中的应用更易被新一代学生接受，能够激发学生的学习兴趣，提高教师的教学效果，丰富课堂的教学环境，促进师生良好的认知体验和情感体验，从而有力地促进教育的革新和发展。信息技术的迅速发展及其在教育中的应用为现代的课堂教学带来了新技术和新理念的支撑，当新的教育理念逐步融入课堂教学时，将对教师的技术和教学法知识产生重要的影响，促进教师教学方式和学生学习方式的深层次变革。

“崇辉世界”学习项目很大程度上提高了学生思考、交流和运用信息技术的能力，同时加强了学生在学习中的创新和协作能力。在“崇辉世界”中，学生沉浸于 3D 世界，拥有更多机会去体验别样的学习经历，更愿意对知识进行创新性的理解和学习。“未来学校”打造了一个前所未有的实践发展模式，开创了信息科技进校园新模式的先河，为新加坡学校教育的现代化开创了良好的开端[①]。

2. 学校影响力

新加坡崇辉小学利用信息技术优势不断探索和创新教学模式，教学模式离不开特定的教学环境和教学资源。在信息技术环境下，教学模式离不开信息化的教学环境和教学资源，如多媒体教室、网络教室等教学环境，多媒体软件、网络课程、专题学习资源等教学资源。与此同时，信息技术环境下的教学模式还应充分发挥信息技术作为学习资源获取工具、情境探究学习工具、信息交流讨论工具、知识组织构建工具、自我测评反馈工具等认知工具的强大作用。

“未来学校”为学生在现代化的教学环境中各展其能创造了条件，培养了学生使用现代信息技术的能力。“未来学校”开发的基于技术的课程体系和教学方法适应新时代学生发展的需要，促进了课堂效率的提高，成为新加坡其他学校效仿和学习的典范。

## 四、案例特点与创新

### (一)案例特点

新加坡崇辉小学作为把3D学习环境融入学校教学系统的先行者，为学生创造了独特的并具有创新性的学习环境——“崇辉世界”。这是一种交互式、拥有多种虚拟学习工具和学习场景的3D仿真学习环境。在虚拟世界中设有3D画室，教师可以展示学生的创作作品，学生可以收集到其他同学对作品的反馈和评价，并修饰和完善自己的创作；现场竞技场(Live Arena)是一个虚拟的场景，由一个公共区域和附加的虚拟空间组成，参与者可以通过一套通信工具进行互动，交流意见和经验。例如，学生可以在这里进行辩论、演说、广播和现场音频通信等，同时父母也可以参与学生的学习。

任何创新和新技术在引入前，都需要经过认真的规划和测试。这个过程涉及教师、研究人员、技术人员、开发人员和学生等。教师是创造以信息技术为媒介的学习环境的关键。计算机作为一种工具既支持学生

① 王冬梅．新加坡“未来学校”的实践探索及其对我国的启示[J]. 外国教育研究，2012，39(4)：38-45.

的学又支持教师的教，信息技术融入课堂取决于教师及学校的背景。政策和学校领导在信息技术融合过程中具有重要作用。无论学校或者国家政策都需要确保信息技术的有效实施，如一些重要的建筑和基础设施，从业者的共同愿景是促进教师的专业发展。学校领导可以制订信息技术规划，并在技术人员的帮助下解决信息技术融合过程中遇到的问题。

**(二)案例创新点**

“未来学校”注重与企业和高等院校的合作，开发和研制最前沿的教学设备，并将这些教学设备协同运用于学校的教学中，在综合开发的仿真学习环境模式和新型的课程体系基础上，实现高效的教学。

1. 课程与评价

信息技术融合要用课程设置和评价的方法完善。这对实现学校和国家层面的信息技术政策与课程设置的一致性意义重大，直接影响就是在课程改革中应将教师个人观点、教学实践等因素考虑在内。学校实行常规评价和替代性评价，以评估学生的技术能力和学习成绩，家长可以从每学期的学生进展卡中了解学生的信息。还有一种评价包括学生戏剧评价表演、录音录像、数字化的故事、杂志和投资组合。技术的发展鼓励教师使用替代评价表。例如，学生的音频记录、口语考试的准备都能使教师更好地促进学生的实践发展。其他形式的评价涉及学习过程中的各种利益相关者。学生在发展个人初始投资组合时也进行了积极参与，评价的全面性使学校对学生发展的评价不局限于学习成绩，同时也很注重发展学生的特殊技能。

2. 教师专业发展

教师信息化素养是影响信息技术在教学领域实施效果的重要因素。因此，新加坡崇辉小学重视教师专业发展，侧重于帮助教师获得课程设计与整合、教学方法、评价实践、技术融合和教育研究等方面的能力。教师通过网上平台、研讨会议、内部和外部的分享会和讨论会、跨学科和水平获得职业发展机会，推动教学和信息技术的融合。此外，学校还推出了从业者研究，让教师成为研究者并系统地反思、学习和提高，分享他们的实践措施。新加坡崇辉小学将此研究作为提高教师能力和专业发展的主要途径。例如，学校已经在语言课堂实施数字化故事的教学方法，将翻转课堂概念引入数学和科学课堂。通过这些教学方式的使用，对它们进行系统记录，并通过会议演讲、书籍章节、杂志文章等共享。

3. 物质和技术基础设施

信息技术融入教学和学习的过程会用到很多技术工具作为支持。在硬件方面，新加坡崇辉小学向一年级的学生推广实施一对一的计算机项目，每间教室配备了交互式白板和两个投影机。最初，笔记本电脑储存和充电都在木制移动设备中完成，并且每个单位只能容纳六台笔记本电脑，该套设备由所有一年级学生共享。为了进一步支持一对一项目，学校在教室内配置专门的无线互联网环境。学校随后给所有二年级和三年级的每个学生配备了一台计算机，一年级基本是两人一台的比例。目前学校正在努力对早期版本的移动存储单元进行重新设计，与合作伙伴共同研发功能强大、存储量大的移动存储设备，使每个单位能容纳 20 台笔记本电脑。

新加坡崇辉小学已配备重要的学习设施，如交互式白板教室、双投影机、个人学习设备以及无线连接，这些设计可以灵活地使用空间，提升教学的流动性并鼓励各种类型的互动活动。学生以组为单位进行学习，进一步凸显出合作的重要性。除了适当的物理基础设施的建设，学校已成功地通过开源软件为教师和学生提供必要的教学设施，2014 年已经向所有的四年级的学生实施，这些基础设施是信息化教学的保障，使学校更加有效地利用信息技术。

## 五、案例经验与启示

新加坡崇辉小学构建了多种教学环境，包括电子白板的多媒体环境、固定学习终端的网络教室环境、移动学习终端的笔记本电脑和平板电脑环境，满足了电子备课、课件制作、查找资料等日常工作需求，同时满足了更丰富的个性化学习需求。新加坡崇辉小学的所有教师都在课堂中使用博客，不仅用于传播信息和在线协作学习，同时也作为一个网络平台连接到其他软件应用程序。学生可以在课内外通过班级网站和专题网站进行自主学习、成果展示、练习测试、交流互动，教师一些好的思路与想法也可以在优质的硬件、软件支撑下得以实现。

信息技术与教学的融合为主动学习、个性化学习、跨越时空限制的探究与交流提供了更好的实现条件，并引发了教师对教学目标的再认识。教学目标的变化使学校对教学理念、教学内容、教学方法进行重新思考与定位，创新的教学方法在信息技术的带动下应运而生。构建出让学生主动、轻松愉快的学习环境，实现自主、探究、协作学习，能够使学生发自内心地去探索解决问题的方法，显著提升学生的学习动力与学习效果。

## 第四节　泰国一年级学生平板电脑普及计划

### 一、基本信息

表 2-4 概括了本案例的基本信息。

**表 2-4　案例基本信息**

| 案例名称 | 泰国一年级学生平板电脑普及计划 |
|---|---|
| 实施地区 | 泰国中部、南部、北部、东北部 |
| 实施时间 | 2012 年 |
| 主要实施者 | 泰国 TTI(Thai Transmission Industry)公司、深圳希科普科技发展有限公司(简称希科普)、深圳市辰星通科技有限公司 |
| 实施对象 | 小学、初中一年级学生 |
| 相关网址 | http：//otpcl. com/ |

### 二、案例概述

OTPC(One Tablet Per Child，OTPC)项目是中泰两国政府关于《中泰战略性合作共同行动计划(2012—2016)》七项双边合作文件中经贸合作的第一个项目。2012 年，泰国前总理英拉提出教育平板采购计划，首批试点分布在泰国的中部、南部、北部和东北部，项目采购分四个区域进行全球性招标。第一区和第二区的项目主要用于泰国中部、南部、北部、东北部的小学一年级学生，第三区和第四区的项目主要用于中部、南部、北部、东北部的初中一年级学生。泰国政府采用政府招标采购的方式，在经济发达与落后的地区快速普及电子书包，推广试点教育信息化。

2012 年，泰国政府为一年级的学生分发超过 80 万台平板电脑，为每个一年级学生(小学一年级、初中一年级)分发的平板电脑装载包括数学、科学、泰语、社会研究和英语语言的大约 336 个电子书、视频和互动内容。OTPC项目的目标是“增加知识、超越课本”，特别是对那些缺乏学习资源、获取相对困难的偏远地区而言。在泰国中小学课堂上，学生手捧的“电子教材”已成为泰国基础教育创新的一个新亮点。此外，英特尔与泰国教育部合作，推出Anuban Samsen小学作为试点学校，同时将英特尔课程纳入培训，以确保教师能够最大限度地在课堂上使用信息技术教学。

## 三、案例实施与推进

### (一)实施背景

《泰国信息和通信技术总体规划(2009—2013年)》强调信息技术的发展，并推进电子商务、电子工业、电子教育、电子社会和电子政府的实现，保证了2010年信息技术总体规划的政策框架内的连续性。泰国政府侧重于基础设施和知识建设，弥合数字鸿沟并推动国家向知识型经济转变。旨在促进创建创新的在线社区和学习型社会、Web门户、多样化电子内容、社会团体。例如，创建学习网络以方便获取有用的学习和信息资源，建立教育机构、图书馆和社区学习中心。

2011年，总体规划设置了多种附加目标，包括90%的偏远地区的人们将获得信息技术支持的知识和信息；各级教育部门将利用信息技术管理教学和学习。总体规划认为信息技术是教学的工具，在学习教育中各级优先重视基础教育，强调整合信息技术，并关注利用信息技术的道德；强调在各种政策或教育领域中使用信息技术，包括提供税收优惠或学生家长专项贷款购买家庭使用的电脑；提供激励服务商制定学校信息的通信基础设施；考虑人才的准备情况和基础设施，促进设备、互联网服务、软件、教材、维护和培训分配之间的平衡；通过技术促进中泰语言的发展。

泰国前总理英拉将“一人一台平板电脑”写进了竞选纲领之中。泰国教育部基础教育委员会办事处(OBEC)秘书长秦纳帕称，OTPC项目是由泰国信息通信技术部(ICT)开展的项目，计划向每个小学生和中学生各发一台平板电脑。2012年，OTPC项目为77个省的一年级学生配发平板电脑86.5万台，泰国信息通信技术部和教育部已制订发展计划，旨在未来十年使用信息技术基础设施，根据信息技术应用智能进行管理，支持知识的发展、创新型社会和持续稳定的经济。

### (二)实施过程

泰国政府计划投资约22亿美元用于2010—2020年泰国信息化基础设施建设，主要用于宽带互联网接入和学校扩张，支持教育部信息技术目标的实现。泰国教育部声称，虽然连接的质量还没有得到评估，但是目前所有学校都有互联网接入。2012年5月，希科普正式与泰国政府签订首批40万台平板电脑订购合同。根据合同，希科普将在合同签订后的60日内交付首批40万台平板电脑，总价3 280万美元。泰国信息通信技术部部长称，订购总数为100万台，作为泰国政府"一人一台平板电脑"项目的一部分，首批电脑将被分发给泰国所有小学一年级学生。

2012年7月，希科普正式与泰国政府签订第二批40万台平板电脑订购合同。2012年7月9日，深圳希科普公司在泰国与泰国政府签订第二批40万台平板电脑订单并举行签字仪式。2012年9月21日，深圳希科普公司与泰国政府签订第三批5.5万平板电脑订单，标志着OTPC项目首批采购全部结束。2012年10月，OTPC项目第一阶段取得圆满成功。2012年10月中旬，深圳希科普公司最后一批货物降落在泰国曼谷机场，标志着OTPC项目第一阶段即2012年度采购计划取得圆满成功，此阶段泰国政府分三次向深圳希科普公司采购了共计85.5万台ScoPad平板电脑，产品验收合格率为100%。

为了在设计过程中提供一些背景，需要考虑典型的OTPC项目的教室环境。泰国政府目前已为每个小学一年级的学生提供运行谷歌4.0Android操作系统版本的7英寸平板电脑。平板电脑预装了OBEC的L系统的学习环境，包含第一年泰国小学课程的内容(在全国标准化推广)。此外，个别学校可以选择加载额外的应用程序或游戏。其中典型的应用包括教师和10～20名学生在课堂上进行长达一小时的平板电脑互动活动。

在设计的初始阶段，熟悉平板电脑使用的泰国教师备受追捧。学校对第一年的科学课程进行了检查并选择适合平板电脑的活动主题，科学课程分为五个主要议题并选择每个主题的10个学习活动，分别创建50个活动。活动直接基于区域中多个学校使用的教科书内容，从而尝试提供内容满足学习者的需求。此外，活动设计时考虑与教科书内容密切联系的典型教案，对于富有挑战的问题要收集实时数据(通过无线互联网连接)，教师在课堂上了解每个学生当前的学习进度[①]，如图 2-8 所示。因此，每一个活动能链接到课程规定的学习成果。然而，这项研究的目的不是简单地提供更多的内容，而是通过实施新的活动，在典型的课堂环境中引导学生探索这些问题的解决方案。

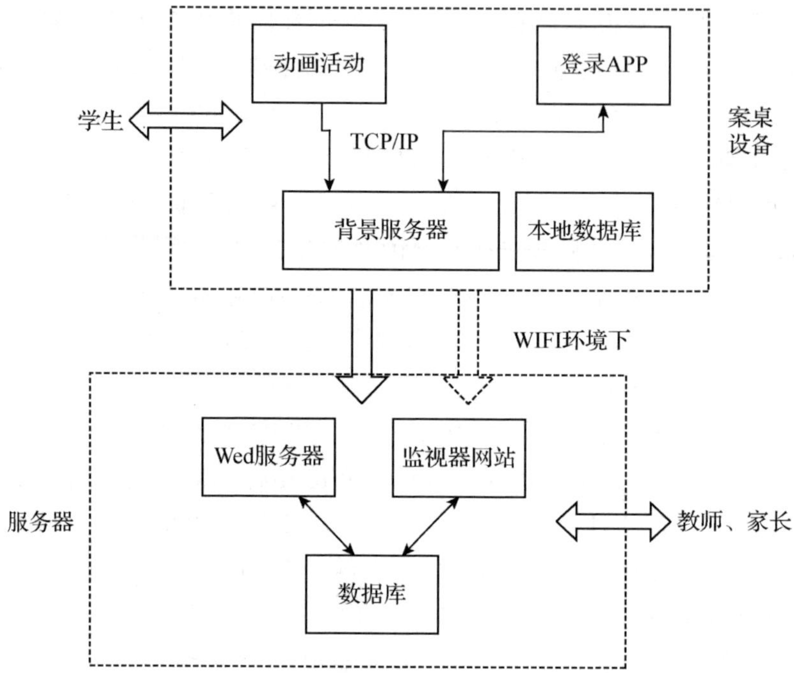


**图 2-8　平板电脑活动和数据收集的整体架构**

### (三)实施效果

OTPC 项目程序的推出迅速得到了泰国民众和国际社会的关注。希科普公司服务人员到场进行指导与培训，并系统地、有计划地先后对 200 多名教师进行平板电脑教学相关知识的培训，对 OTPC 项目效益最大化起到了推动的作用。随着产品的更新和软件的升级，培训将成为常态化。2012 年 5 月，希科普泰国分公司在泰国曼谷注册成立，并已经在泰国建立了 31 个维修中心和 114 个客户服务中心，保证了售后服务的及时高效。

人机互动的学习方式，激发了学生的学习兴趣，提高了学生的学习

---

① Ratchada Viriyapong，Antony Harfield. Facing the challenges of the One-Tablet-Per-Child policy in Thai primary school education[J]. International Journal of Advanced Computer Science and Applications，2013，4(9)：176-184.

注意力和吸收知识的能力；通过 WIFI 无线网络，加强同学间、师生间的交流，营造积极向上的学习氛围，实现信息共享，互动交流；教师和学生可以一对一或一对多进行有效的信息交流，以实现个性化教学和管理，有利于提高班级和学校的教学效果；可以减少教师的工作量，从而创造高效的工作方式；改变教学单一、单向传输的方式，提高教学效率和教学质量。学生可以在家通过互联网处理和解决学习中遇到的困难，从而提高自主学习的能力，也减少了家长辅导的工作量和工作难度；改变家长因知识文化水平的限制而产生的对学生辅导的影响，从而形成公平竞争环境。

## 四、案例特点与创新

### (一)案例特点

OTPC 项目可推动整个社会劳动技能、电力供应、信息技术、软件开发、电教器材等多个领域的发展，对改变和提升整个社会的产业结构和增加就业机会都有积极作用，使泰国整个国家的信息自动化水平上了一个新的台阶。泰国政府 OTPC 项目的成功实施，引起了国际社会极大的关注，包括联合国教科文组织，土耳其、巴拉圭等国家，从而提升了泰国国家形象及知名度。带动更多的国家和地区进行平板电脑教学的推广，极大地提高全球普及电脑知识的进度并加快人与人之间信息传递的深度和广度，这将带来一次意义深远的教育体制变革。

平板电脑为学生提供了自主学习和个性化学习的新平台，极大地激发了学生的学习兴趣，推动了中小学教学改革。学生可以课前运用平板电脑学习，课上运用平板电脑演练，课后运用平板电脑测试，教师言传身教和同伴互助交流可同时进行，减少了教学机械、重复和低效的现象。在未来十年中，随着泰国经济的发展和持续的政府投资，基于全国扩张的卫星无线接入点将有利于更多的电脑进行互连。

### (二)案例创新点

为配合 OTPC 项目的推进，教育方面的变化主要表现在三个方面：改革了课程、教材和技术。新课程应该少而精并具有灵活度，适应本土实际同时减少课堂时间，运用多种教学方法和学习方法，促进信息技术资源的运用，提高学生的学习能力。政府将为学校运作提供足够资金，注重对课程和教师的选择，并提高教师将知识转化为实践的能力，推动教师培训管理信息化。实行教师培训项目招投标机制，完善中小学培训机制。由国家教育标准与质量评估局制定质量评估标准，对传统的教育评价机制进行改革，由过去那种教育行政机构统一实行的、单纯的知识和技能考试的教育评价机制向开放型、多元化的教育评价机制过渡。在项目实践的过程中，以下四个方面的内容受到重点关注。

**1. 内容的通用性和可拓展性**

由于泰国学校的教育能力的变化(农村与城市的社会鸿沟)，平板电脑活动需要考虑到在整个泰国不同偏远地区学生的学习能力。因此，内容可访问性是关键要求，特别需要注意适合不同环境，满足不同地区、不同社会文化背景和不同文化水平的学习要求。另一个相关的问题是，使 OTPC 项目的用户界面得到交互，避免学生被动式的学习，维护学生要求积极开展学习的互动内容。

**2. 教师信息化能力培训**

在传统的课堂上，教师能直接了解学生与材料的互动情况。但在平板电脑教室，需要提供学生的感官状态信息。平板电脑内容的互动为教师提供有力的支持。教师培训对 OTPC 项目的实施至关重要，许多学校教师没有平板电脑，在课堂准备中存在很大的问题。目前，很多教师使用平板电脑替代教学(每天学生进行活动平板一个周期)，而不是作为传统课堂活动的补充。因此，有必要支持教师的课堂环境，让更多的混合式学习体验成为可能。

**3. 学习效果的评价**

它解决包括学习成果评价在内的课堂管理问题。如果重点是评价使用 OTPC 项目平板电脑的学生的学习成果，首先需要考虑课程计划，课程链接到特定的平板电脑活动，让教师以平板电脑的使用情况为研究基础，收集数据并进行分析。以此为基础，教师和学校以及教育工作者和技术人员来评价个人、班级和学校的学习成果。

## 五、案例经验与启示

教育信息化不仅仅是硬件的问题，但硬件依然是教育信息化的基础。不少发达国家，如澳大利亚、奥地利、加拿大、以色列、日本、韩国等，都在实行“一人一台平板电脑”等教育信息化项目。但是任何国家与地区都不应完全复制其他国家与地区的总体规划、评价标准或教师培训计划。相反，每一个国家与地区都应该根据自己的需求、现有资源和ICT基础设施，有计划地实施教育信息化发展规划。目前我国教育平板市场具有不确定性和长期性两大特征，属于起步阶段，但是有很大的发展空间，整个教育平板市场潜力巨大。教育平板的内容多整合厂商推荐内容和定制内容，配有丰富的交流、考试、测评软件以及多用户、多屏互动等辅助功能，能够提高教师教学和学生学习的效率。

教育平板涉及教师和学生之间的互动，设备间的同步协调十分重要。跟普通消费类平板相比，教育平板有些不同：一是它的服务周期长，对售后服务要求非常高；二是平板的质量要好，基本要求两年质保、防水防摔，有些还需要配置手写笔；三要注重对教师的培训，让平板能够更好地与课堂融合，否则平板反而容易成为教师的负担。因此，售后和培训对于教育平板是至关重要的。

## 第五节　台湾行动科技融入古迹探究活动研究①

### 一、基本信息

表 2-5 概括了本案例的基本信息。

**表 2-5　案例基本信息**

| 案例名称 | 台湾行动科技融入古迹探究活动研究 |
|---|---|
| 案例范围 | 台南县善化镇大成小学 |
| 实施时间 | 2010 年 1—6 月 |
| 主要实施者 | 黄国祯、张熏方 |
| 实施对象 | 小学六年级 |

① 主要贡献者：黄国祯

## 二、案例概述

台湾各县市对乡土文化教育相当重视，乡土教育的落实不仅仅是知识上的累积与体验，更重要的是培养学生对成长环境的关心与责任感。过去乡土教育的不足之处在于体验及探索活动太少，使学生对于中华文化的兴趣与关怀较为不足。因此，让学生从生活的人文、自然与社会的环境中去了解、认识自己生长或长期居住的乡土，使其产生认同与关怀，并愿意贡献自己的力量来改善乡土环境、重视文化，是现阶段台湾各小学开展乡土教育工作的重要目标。

近年来电脑、通信及多媒体技术的日新月异，科技化教育的环境已相当成熟。同时，由于行动工具(如智能手机、平板电脑及早期的个人数字辅助设备)的普及，引导学生在现实情境中观察与学习已经是一种可行的方式。因此，学者提出移动学习与泛在学习的概念，期望借助移动设备与无线网络的应用，创造出一个不受限于时间与空间的学习环境。这样的学习方式具有行动性、立即性与便利性，可以扩展到教室之外的真实情境，甚至可以在适当的时间、地点，提供必要的信息，协助学生进行真实环境的观察和资料收集，并与环境互动。过去已经有许多移动设备应用在不同领域教学的案例。近年来，为了强调在现实情境中提供个人化的学习支持，学者更提出了各种可能的教学及评价模式。在台湾，科技及教育主管部门针对行动科技在教育的应用研究与推广，提供了不同方式的补助。本案例主要是由科技主管部门给予补助，每年的经费大约是150万新台币(约合人民币33万元)，主要的目的在于探讨在学习活动现场，不同的学习引导策略对于学生使用行动科技是否有不同的影响。

本案例尝试以行动学习融入古迹探访活动来探讨不同行动学习模式对小学学生的学习表现、感受以及认知负荷的影响。案例实施的对象是小学六年级两个班级的学生，其中一个班级以“重复提问引导模式”(在重复提问过程中只提供提示，不告诉学生答对与否，也不提供答案)，另一个班级以“直接导览模式”(引导学生进行观察并回答问题，不论学生在观察过程中是否回答正确，均提供答案)来进行古迹探究活动。

## 三、案例实施与推进

本案例的行动科技是应用于社会科的本土文化课程，活动的场所是台南县善化镇庆安宫。活动场所包括庙埕、前殿、正殿、后殿和左右护龙五大区域，配合的教材内容规划成 12 个主题单元，涵盖建庙起源、习俗信仰、装饰艺术、古迹文物，以及各项工艺题材所代表的历史意义。学生以掌上电脑(Personal Digital Assistant，PDA)为行动设备，通过无线网络，能够在现实情境中与实体互动，并经由系统的引导，进行个人化的学习。整个活动以学生探索及主动建构知识为主，教师只是从旁辅助，解决学生在 PDA 操作方面或学习系统上所遇到的问题。

### (一)课程教材内容

案例配合大成小学的本位课程，运用社区乡土资源，选择家乡古迹庆安宫进行乡土教学。为了培养学生热爱家乡的观念，以熟悉的生活环境为主轴，整合社区资源，从家乡著名的历史古迹出发，设计"庙趣横生庆安宫"的主题课程，并利用信息科技的特性，让学生使用行动设备进行古迹乡土调查；期望学生深入社区并亲身体验历史古迹之美，对家乡的文物有更深的情感及认同，学习场景如图 2-9 所示。

**图 2-9　行动学习活动场景**

庆安宫是学校邻近社区内的古迹，不论是在庙宇建筑、装饰艺术、匠师作品、民俗信仰方面都有其独特性，为了让学生在短短两小时的古迹探访活动中认识这些有形与无形的珍贵文化资产，将庆安宫依场地划分为 5 个区域，共 12 个主题单元，如表 2-6 所示。目前庆安宫许多文物尚保存完整，尤其历经三百多年的时光雕琢，其历史意义、文物古迹更显珍贵。本次的古迹探访课程，不但具体介绍庆安宫的特色，而且提供庙宇入门小常识，期望学生在通过行动学习感受乡土古迹之美的同时，也能将内化的知识应用到其他的庙宇参访活动中。

**表 2-6　分站位置与课程内容**

| 区域 | 庙埕 | 前殿 | 正殿 | 后殿 | 左右护龙 |
|---|---|---|---|---|---|
| 主题单元 | 荷兰井<br>山门石狮<br>屋脊 | 三川门<br>前殿门神<br>藻井 | 四聘<br>主神 | 后殿门神<br>门钉 | 沈光文<br>圣旨牌 |

由于庆安宫占地广大，研究者按区域设计了 12 个主题单元，规划了一条让学生依序进行导览的路线：荷兰井→山门石狮→屋脊→三川门→……→沉光文→圣旨牌，避免往返不同区域的分站点而花费太多时间；同时在登入 PDA 系统后，学生也会随机分配到各个主题单元，避免某站人数过于集中而互相干扰影响学习。每一主题单元，都有相关内容介绍和题目测验，旨在检验学生对该主题单元的熟悉程度，直到通过测试，系统才会给予下一关的线索，以免学生为了尽快结束而走马观花，影响学习成果。

在活动的开始，首先对两组学生做行前说明，并了解他们在探访活动前对乡土学习的看法，待学生实际操作 PDA 并熟悉界面后，才前往庆安宫实地调查。经由行动设备提供的线索与数位教材，每位学生都可通过个人手持的 PDA 与实体场域互动来完成学习。实验后，学生进行庆安宫知识测验和乡土学习态度后测，并填写认知负荷量表和使用 PDA 探访庆安宫的问卷，最后研究者再将所得各项资料加以分析。

**(二)行动学习环境**

利用手持式行动设备 PDA 及无线网络，建构具有导览与问题回馈的乡土文化行动学习系统，系统架构如图 2-10 所示。教师将编辑好的教材内容放入系统资料库，再通过无线网络由 PDA 呈现以供学生学习，学生依序浏览各相关内容回答问题，系统再经由无线网络将学生学习历程回传至资料库，让教师做进一步分析。

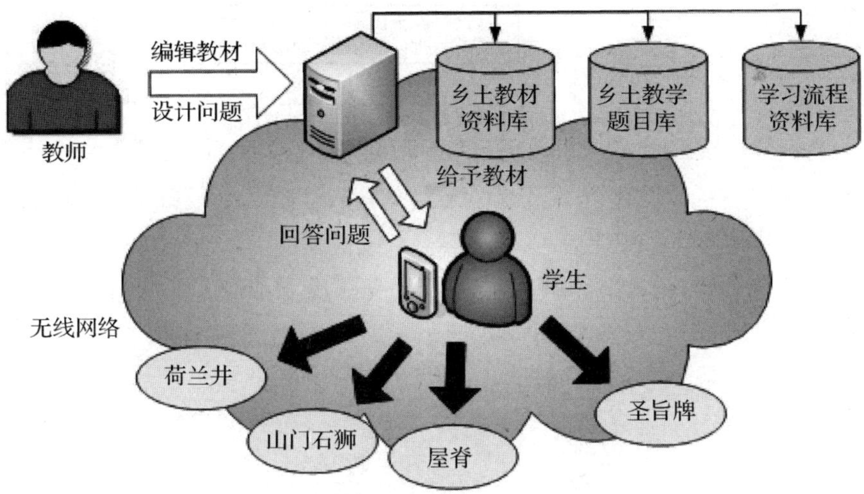


图 2-10　行动学习系统架构

1. 学习单元架构及引导模式

本案例有两种不同模式的学习系统：直接导览模式和重复提问引导模式。这两种模式相同的部分都是，学生登入系统后会随机进入主题单元，避免因人数过于集中而影响学习；直到完成该单元任务，系统才会提供线索，引导学生到下一单元。当 12 个单元的测试都通过后，学习结束，如图 2-11 所示。

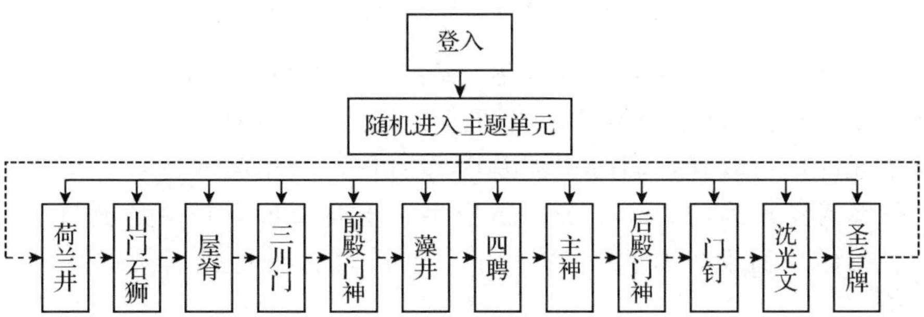


图 2-11　学习单元架构

“重复提问引导模式”主要采用重复作答、不提供答案与即时回馈三种策略，其流程如图 2-12 所示。

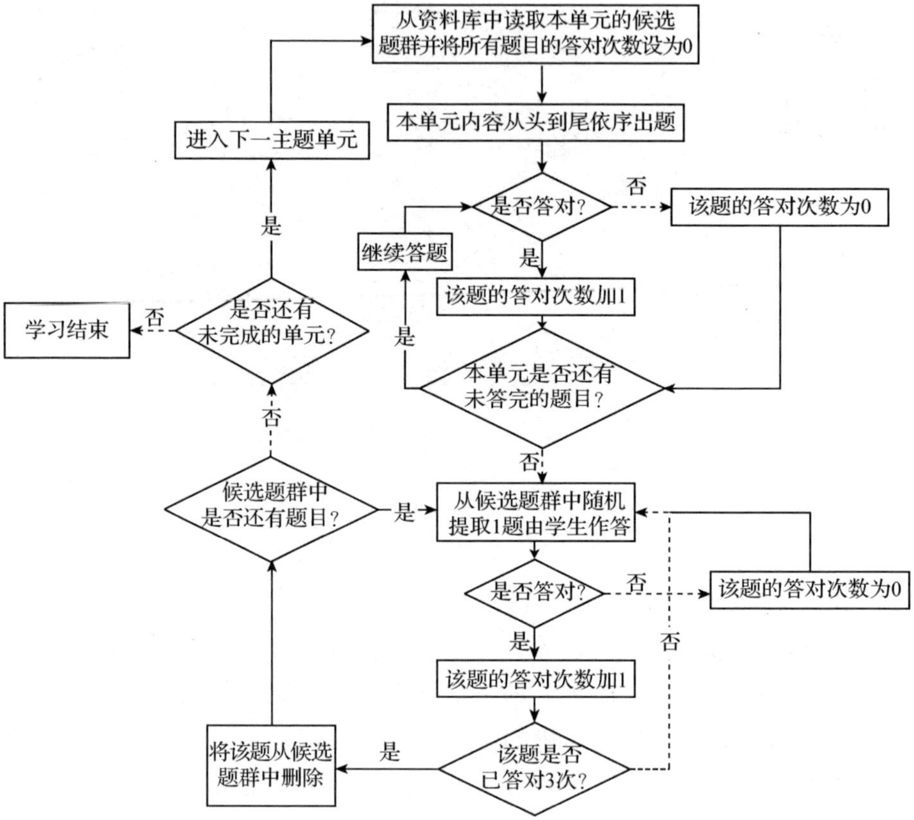


**图 2-12　重复提问引导模式系统流程**

在导览活动开始时，学生登入系统后会随机进入某一主题单元，此时 PDA 上的指示会引导学生到指定地点进行观察。系统除了提供该单元的数位教材，同时也涉及内容的三四个相关问题，学生输入的答案无论正确与否，系统还是依序给予与该单元相关的教材，使用者端的界面设计如图 2-13 所示，包括教材浏览界面及问题回答界面。

在单元教材浏览结束后，系统会从前面问过的题库中随机选取题目。系统在让学生进行“重复作答”的过程中，题序及选项顺序都采用乱数排列，以避免学生因为试题重复出现而以猜题的方式作答。对同一个

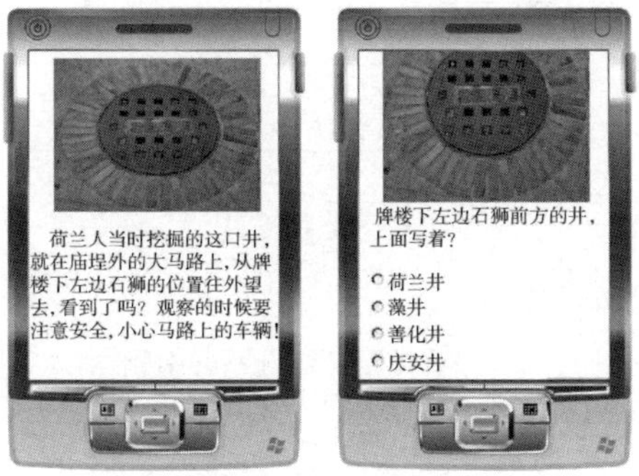


**图 2-13　PDA 学习界面**

学生，某一试题若连续被答对三次，便会从该学生的问题集中被删除；也就是说，倘若学生已经确实了解某些题目，该单元重复提问的题数将逐渐减少，直到确认学生了解全部试题则视为过关。反之，某试题在重复作答期间有答错现象，系统将认定先前的正确答案是猜的，该题答对次数的累积将会归零重新计算；此设计是为了确认学生不是靠运气作答的，同时也促使他们在答题过程中通过观察与资料搜集而更加熟悉学习的内容，并激起学生主动参与挑战的欲望。在这个过程中，“即时回馈”和“不提供答案”是重要的特性；学生在答题时，系统不告知对错，只有线索提示，学生必须自己找出正确解答，这样的设计也提供机会让学生愿意去把不了解的观念加以澄清。

“直接导览模式”系统流程如图 2-14 所示，当学生登入系统后会随机进入某一主题单元，只要浏览该单元完整的数位教材，答对原先设定的两个问题就算过关；答错任一题则系统会回到单元首页让学生重新查看内容再来答题，直到答对才算完成单元任务。

2. 学习情境

古迹探访活动开始前，先在教室做行前说明，介绍 PDA 的基本操作以及导览时的注意事项，待学生有初步的了解，才进行实地乡土调查。在实验过程中，学生每人手持一台 PDA，只需使用 PDA 的手写笔点选，就能在实体场域配合线索观察学习；在浏览数位教材和答题的过程中，学生可以依照自己的能力调整学习进度，找同学讨论或自行探索作答，如图 2-15、图 2-16、图 2-17 所示。

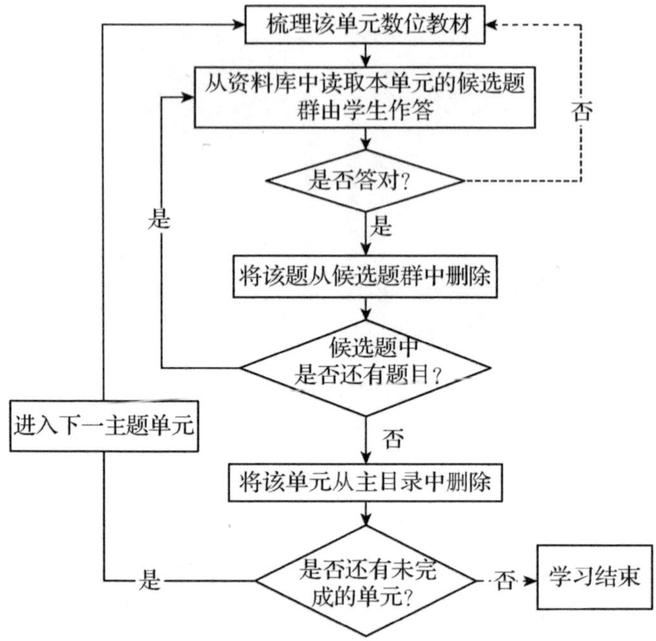


图 2-14　直接导览模式系统流程

图 2-15　按线索提示观察潘春源壁画

图 2-16 与现场互动进行实体观察

图 2-17 学生使用 PDA 进行学习的场景

## 四、案例特点与创新

### (一)学习成就方面

使用重复提问引导模式的学生的知识测验成绩显著比使用直接导览模式的学生的成绩好。实验前，先以独立样本 $t$ 检验分析最近一次期末考试的社会科成绩，虽然重复提问引导模式组的平均成绩低于直接导览模式组的平均成绩 4 分，但不至于达到显著差异，因此两组的基本能力可以视为相同。在使用不同行动学习模式探访庆安宫后，重复提问引导模式组学生的知识测验平均成绩却比直接导览模式组学生的平均成绩高出 8 分之多，达到显著水平，这表明重复提问引导模式的“重复作答”“不提供答案”与“即时回馈”策略，可以引发学生自我挑战的欲望，提供反复练习的机会使其精熟课程内容。所以，在提升学习成就方面，重复提问引导模式的行动学习比直接导览模式的行动学习有更显著的效果。

### (二)乡土学习态度方面

两组学生分别使用不同模式的行动学习后，重复提问引导模式组的学习态度有显著提升，表明在重复提问引导模式的行动学习过程中，学生对于乡土课程不仅更加热衷，想了解家乡的一切事物，而且能认同自己从小生长或求学的环境并引以为荣，愿意尽己之力保存维护家乡的特色。而直接导览模式组的乡土学习态度后测得分虽然是高于前测，但不至于达到显著水平，进而分析各维度得分，发现乡土学习的兴趣维度达到显著水平。原因可能是，直接导览模式组的行动学习将课堂活动从教室搬到真实场域中，学生可以不受时间与空间的限制进行教材内容与实体的互动，相对于传统的教师讲授或教科书单纯的资料呈现，这种如游戏般的学习方式当然更能提高学生乡土学习的兴趣。

**(三)认知负荷方面**

两组学生的认知负荷没有显著差异，但重复提问引导模式组低成就学生的认知负荷显著比直接导览模式组低成就学生的认知负荷高。认知负荷是一种多维度的概念，它包含心智努力和心智负荷两个方面，在学习过程中，如果需要投入极大心力，或学习任务太过困难，这都容易造成认知上的负荷过重，影响学习表现。

在本案例中，实验组是使用重复提问引导模式的行动学习，学生在回答各主题单元的问题时，系统不会告知对错，同一个题目必须连续答对三次，该题才不再出现，直到题库中没有问题了才算过关；而控制组是直接导览模式的行动学习，学生在浏览单元教材内容后只需答对两个问题便能过关。就过关任务的难易程度而言，实验组比控制组更难，不过实验结果显示，两组的认知负荷没有显著差异，表明这样的挑战尚未超越实验组学生所知觉的认知能力，不会造成心理或生理上的负面效应。而且重复提问的机制还提供反复练习的机会让学生得以精熟学习内容，因此可以说明，重复提问引导模式的行动学习融入古迹探访活动中，是一项可行的方法。

虽然实验组、控制组的认知负荷没有显著差异，然而在低成就学生部分，却发现实验组的认知负荷显著比控制组高，表明重复提问引导模式会导致低成就学生较高的认知负荷，个体需要多花一些心力才能了解学习内容。因此以后在设计行动学习课程时，必须同时考虑不同成就学生的认知系统负荷情况，如此才能充分发挥行动设备的特性。

两组学生的古迹探访行动学习的满意度几乎都高达 90%。从实验结果得知，两组学生对于 PDA 的行动学习都持高度的肯定态度，大约有 90%的学生喜欢这样的上课方式，他们认为通过 PDA 来认识庆安宫具有高度的行动性。图片、文字资料的呈现使学生更容易观察古迹文物特征，不仅让庙宇知识的学习变得更容易更有趣，而且激起学生学习家乡各种事物的动机。希望以后在乡土教学或其他科目教学中，也能运用 PDA 融入教学的方式来上课。

## 五、案例经验与启示

由于实验场地善化镇庆安宫占地广大，学生使用PDA进行导览时，会因为网络信号不良导致断线，虽然当场也能立即获得解决(接近主机、请求教师协助重回系统画面)，但也影响学习速度、学习心情。建议后续如欲使用无线网络的研究者，要克服这方面设备不足的问题，排除此等无关变量，使网络连线对实验效果的影响减至最低，以免丧失实验结果的推论性。

本案例将行动学习融入认识家乡古迹的乡土课程，一改过去由教师带领全班进行解说的导览学习方式。通过行动学习系统的引导，学生可与实体场域互动，在认知、情感方面的表现都大幅提升。建议后续的研究者可以针对不同科目领域、其他乡土课程主题或不同的行动学习策略进行探讨，当然在教材的适切性上也必须有所规划，如此才能充分发挥行动设备的特性，将信息科技融入教学的优势发挥得淋漓尽致。

提问引导的策略有提升学习成就的效果，然而却导致低成就学生较高的认知负荷。面对不同程度不同特质的学生，教学设计无法面面俱到满足个别差异，学生认知负荷的出现其实是无可避免的。建议以后实施相关课程时，除了必须注意教材内容的结构性外，尤其更应重视学生的个别差异，给予适当的先备知识，或者活动进行时从旁协助，如此才能协助学生建构知识基础，降低内在认知负荷，以提高学习效果。

# 第六节　法国免费全开放新型软件学校

## 一、基本信息

表2-7概括了本案例的基本信息。

表 2-7　案例基本信息

| 案例名称 | 法国免费全开放新型软件学校 |
|---|---|
| 实施地区 | 法国巴黎 |
| 实施时间 | 2013 年 |
| 主要实施者 | 法国企业家泽维尔・尼尔(Xavier Niel) |
| 实施对象 | 18～30 岁的学习者 |
| 相关网址 | www. 42. fr |

## 二、案例概述

École 42 编程学校(以下简称 42 编程学校)是一所由法国企业家泽维尔・尼尔创建的私立计算机编程学校，该学校位于法国巴黎的中心地区即巴黎十七区。42 编程学校没有教师，没有书本，没有 MOOC，没有宿舍，没有操场，没有实验室，也没有学生中心，甚至不收学费。但它却希望培养水平一流、积极上进的软件工程师。

42 编程学校每年会招收 800～1 000 名学生，所有的学生都住在一栋位于巴黎市中心的大楼，学校为他们提供 Mac 电脑(Macintosh Computer)和电影银幕，然后让他们克服越来越困难的编程问题。学生在解决问题的过程中不会得到太多指导，所以他们只能相互讨论或到网上求助，以便最终找到解决方案。42 编程学校教授学生的技能是软件开发(包括实务及理论)，不使用教科书或传统课程，着重在“同侪学习”(peer-to-peer learning)、“游戏化”(gamification)，以及教导学生“以不死记的方式活用知识”。通过提供“免费、透明、公开”的教学训练，挑战着传统的教学系统。

## 三、案例实施与推进

### (一)实施背景

2013 年 3 月，法国电信公司 Iliad SA 集团的 CEO 泽维尔・尼尔连同其余 3 个合伙人创立了 42 编程学校，42 不仅是一个数字，42 这个名字来源于道格拉斯・亚当斯(Douglas Adams)的《关于生命、万物和一切的答案》。泽维尔·尼尔想要以 C2C(Customer To Customer)的方式帮助程序员拿到学历，创立之初 42 编程学校只提供 C 语言培训，目前课程类型已经涵盖 Java、C++等各种课程，主要培养程序员在移动科技、社交网络、视频游戏等方面的技能。

**(二)实施方案**

1. 学习场所

42 编程学校的教学楼由建筑师 In & Edit Architecture 设计，建筑的现有场地是一座 20 世纪 60 年代的政府办公楼，建筑面积超过 4200 平方米，其结构主体几乎被完整地保留下来。从内部来看，该建筑提供不同面积及氛围的互动空间以满足学生合作学习的需求。在四楼以上区域，学生可以进入工作站，里面有让协作活动更加充分的配置，还有一系列以功能划分的内向化分区，学生可以根据自己的项目需求去选择。在处理建筑的立面时，加建的带孔网状“建筑表皮”让人感觉室内的体块在室外得以延续，同时还有提高建筑隔热的性能。

信息技术给传统教育带来革命性变革。基于这样的理念，In&Edit Architecture 设计了非规则几何形状的室内家具，每一件家具都经过精心设计并配置在满足不同需求与功能的空间内，进一步强调了 42 编程学校独特的教育理念，如图 2-18 所示。

**图 2-18　42 编程学校的室内设计**

2. 入学

在 42 编程学校的创建者看来，法国的教育系统已经无法为本国输送足够的编程人才，所以 42 编程学校在招收学生时并不看重他之前做过什么以及取得过怎样的成绩，只要这个人的年龄为18～30岁，能通过42编程学校设立的入学考试，那么他就能免费在这里学习3～5年的时间，并且按照计划每年招收1 000名学员。42编程学校对任何人都是开放的，每个学生不需要有高中毕业证书，就算是那些未能进入传统教育体系的人也欢迎申请入学。只要接受四个星期被称为“游泳池”(Piscine)的严格“现场测试”，幸存者就能留在学校，就读三年后取得学位而且完全免费。42编程学校的校长尼古拉斯(Nicolas Sadirac)称，学生一旦在该校达到了21级——也就是最高技能等级——就意味着已经完全学会使用Linux操作系统，开发人工智能，可设计扩增实境(AR)/虚拟现实(VR)的动画环境。

**图2-19　42编程学校的学习场景**

3. 教学

进入学校后，42编程学校并没有教师，也不提供课本，学生要自己去找学习素材，并尝试和其他人协同解决问题。42编程学校的编程教育给了学生足够大的空间并且是以解决问题为导向的教学。尼古拉斯称，学校的教学方法并不是要让学生死记硬背一些编程知识，因为在快速变化的IT行业中，书本知识可能过两年就失效了，所以学校更希望提供一个学习怎样解决问题的教学环境。

由于不需要安排课程和教师，所以42编程学校运营起来也很简单——只要保证教学区开放，各种电子设备正常运转即可。学校的工作人员总计有30多人，分为IT系统管理、招生管理和教育管理三个部分，其中IT系统管理的人最多。在42编程学校全天开放的教学区内，偌大的教室摆放着上百台苹果电脑，学生可以随时来、随时走。学生可以在 Github 托管平台上分享所有的代码，彼此沟通，并通过学校的局域网获得挑战和测试内容。其余的事情都要自己解决，无论是 C 语言的语法还是数据库的使用方法。

测试采用取否法(pass-fail)，只有完成项目和完不成项目两种可能。有一位行政主管将这比作生产汽车：在其他学校内，在测试中答对 90 个题目就可以得到 A；但生产汽车时如果少一个轮子，那就是失败。在 42 编程学校，这种部分完工的状态是不被接受的——必须造出四个轮子的汽车。42 编程学校倾向于希望学生能具备“街头智慧”(street smarts)，拥有灵活的态度与思考，并训练在开发中与他人合作的能力。

4. 评价

虽然理论上 42 编程学校为学生提供 3～5 年的学习时间，但实际上有些学生在学习一半时就被企业招聘了。尼古拉斯称，42 编程学校其实并不以毕业生就业率作为教学衡量标准，学校更看重这些毕业生能创造的价值和影响，如这些人的创业数量，为企业、为社会创造的价值等。

在评价学生方面，42 编程学校更多的是以项目数量、经验多少来衡量的。对于这些从几万人中挑选出来的学生来说，他们在做完一定的项目后，找工作往往不是问题。一些新型科技企业甚至更看重学生解决问题的能力，泽维尔·尼尔自己的公司也雇用了 3 个 42 编程学校的毕业生。

**(三)实施效果**

2013 年共有 7 万人参加了学校的在线测试，有 2 万人完成了测试，其中有 4 000 人受邀到巴黎参加为期 4 周的高强度项目，让他们每周工作 100 小时来解决各种编程难题。最后，只有 890 人被该校选中，从 2013 年 11 月开始正式就读。他们的平均年龄为 22 岁，11%是女性。从 7 万人中选择 890 人意味着该校的录取比例仅略高于 1%，即使以完成测试的人作为基数计算，录取比例为 4.5%。学校培养出的程序员具备极强的主动意识和全面的软件工程技能。

## 四、案例特点与创新

### (一)案例特点

首先，全部免费。创始人泽维尔·尼尔已经在美国投资 1 亿美元用于新校的运营，这个新校区位于旧金山湾区的费利蒙市，占地约 6 万平方米，而且已经全部配备了 iMac 电脑。其次，42 编程学校费利蒙校区适合 18～30 岁年龄段的所有学生。用户需要上网填写一份申请就能进入筛选阶段。但值得注意的是，42 编程学校的筛选方式完全是计算机技术版的“饥饿游戏”，42 编程学校官网把选拔称作“泳池测试法”，因为整个过程就像是把申请者直接扔进泳池，来观察他们是否真的会“游泳”。申请者共有四周的考核时间，但是对于大多数人来说，他们需要在四周内从早到晚、无休息日地写代码才能赢得在 42 编程学校的学习机会。42 编程学校的培训方式并不像一般的大学，因为这里没有教师，主要靠同行评审、编程项目、实习机会和游戏化项目完成学习任务，如果学生能坚持这样的强度 3～5 年，就能成为非常出色的编程人才。

### (二)案例创新点

在技术培训中创新教学方法，实现点对点的学习。42 编程学校的教学方法在许多方面都具有创新性，它代表了 20 年前由泽维尔·尼尔和他的团队成功发展的“开放式”教育原则。42 编程学校通过设计自我教育的体系，实现两个同伴对两个同伴的学习，这是一种可以通过基于项目的学习让学生释放他们的参与式学习的创新方式。

42 编程学校的使命是大规模地培养在计算机科学领域的最好的人才。为了实现这一使命，42 编程学校想给所有的年轻人一个机会，学校对学生的选择既不是基于财务能力也不受教育程度的限制。对学生的选择包括以下步骤：在 www.42.fr 网站注册后，由一个在线考试的方式筛选最优秀的学生。通过测试结果，四千名学生将成为“合格”，并在一个月内形成学生“池”，以开展信息技术项目。最后，42 编程学校将保留一千名最好的学生，为学生提供最好的信息资源，以使他们有可能在最佳条件下工作。

## 五、案例经验与启示

42 编程学校在各种各样的“代码学习”训练营中通过学生主动协作的方式，学生调动自己的积极性，取得了较好的效果。某些名校已经对 42 编程学校的教学模式产生了兴趣，并考虑用类似的模式在其他国家或地区创办同类学校。尽管 42 编程学校尚未走出巴黎，但 42 编程学校却可以成为软件教育领域的一支重要力量。法国已经在软件和其他领域培养了大批工程师。如果42编程学校每年能够再为该国贡献1 000名有上进心和企业家精神的软件工程师，便可进一步增强法国在科技领域的竞争力。

其他国家或地区也可以学习这种开放的教学模式，不仅将其应用于软件工程师的培训，还可以应用于其他行业，并且加强学校与企业之间的合作伙伴关系，为学生提供更多的实习机会。改进学生成绩评价方式，学校以学生能创造的价值和影响为标准。改革入学标准或方式，采用灵活的入学标准，让更多在不同方面有天赋的学生能够发挥优势，培养更多的创新人才。

## 第七节　美国密涅瓦大学在线互动式学习①

### 一、基本信息

表2-8概括了本案例的基本信息。

**表2-8　案例基本信息**

| 案例名称 | 美国密涅瓦大学在线互动式学习 |
| --- | --- |
| 案例范围 | 密涅瓦大学 |
| 实施时间 | 2014年 |
| 实施对象 | 密涅瓦大学学生 |
| 相关网址 | www. minerva. kgi. edu |

### 二、案例概述

密涅瓦大学(Minerva Schools at KGI)是美国创建于2012年的一所私立大学，它的诞生来源于曾就读于常春藤盟校——美国宾夕法尼亚大学沃顿商学院的本·纳尔逊(Ben Nelson)2012年发起的密涅瓦计划(Minerva Project)，密涅瓦(Minerva)是古罗马神话中智慧女神的名字，

① 主要贡献者：乔爱玲

也就是希腊神话中的雅典娜。该计划旨在通过一种慕课授课、网络教学、全球体验的方式来创建一种新型的大学教育模式，致力于培养具有国际化思维的学生。

密涅瓦计划一经提出，便引起了美国教育界的震动，当时第一轮便获得基准投资公司(Benchmark Capital)2 500 万美元的风险投资，同时吸引了许多著名专家的广泛关注和加入，其中包括美国联邦前财政部长兼哈佛大学前校长劳伦斯·萨默斯(Lawrence Summers)、美国民主党参议员鲍伯·克里(Bob Kerry)、哈佛大学前社会科学系主任兼斯坦福大学行为科学研究中心主任斯蒂芬·柯斯林(Stephen Kosslyn)等。2013 年密涅瓦计划的创始团队与美国的凯克研究所(KGI)合作建立密涅瓦大学，并将其总部设在旧金山。

与一般大学相比，密涅瓦大学面向全球招生，采用 4 年学制。学生入学后会先在旧金山学习一年核心课程，从大二到大四的六个学期则需要选择六个位于世界各地的大城市(如伦敦、柏林、里约热内卢、香港等)，以班级为单位在每个城市各学习一个学期，融入当地的文化，掌握当地的语言并充分利用这个国家和城市的社会特点进行实践性的活动，从而实现真正意义上的全球性体验式学习。同时，密涅瓦大学的所有课程皆在网上进行，且这些课程都是在一个在线自主学习平台上展开的全球名师主讲的互动式课程，每堂课都以人数不超过 20 人的研讨式教学展开，每个学生都能够参与讨论，教授也可以给予每个学生更多的关注。

密涅瓦大学这种创新的在线教育模式不仅革新了现代的大学教育模式，其四年全球体验式的学习也为学生提供了新鲜的学习体验。因此，当它在 2014 年第一次招生时就收到了来自全球 96 个国家的 2 464 名申请者，其中有 100 多名是常春藤的在读大学生，有 68 名学生符合条件，最终 29 名学生确定来密涅瓦大学学习。这创造了比哈佛大学还低的录取比例，这也使密涅瓦大学逐渐被学生称为“比哈佛还难考的大学”。

## 三、案例实施与推进

### (一)实施背景

密涅瓦大学的创立来源于其创始人本·纳尔逊对现今大学教育的反思。在他看来，他在沃顿商学院接受的根本是一系列无序的商业指导，缺乏协调的组织来确保他掌握那些基本技能，如批判性思维。他认为通识教育是不存在的，当对整体的学术体验缺乏规划时，基本上学不到东西，只得到了一堆随机的信息和内容的集合。文理教育应该是发展学生的智识能力，并且学习如何成为一个能够对社会有贡献的人。因此，他希望可以颠覆现代的本科文理教育。

同时本·纳尔逊认为，高昂的学费以及招生人数的限制使得每年有很多学业合格的学生被美国顶尖大学拒之门外。比如，哈佛大学的招生主管就曾说过，85％的学生是符合条件的，但最终只有不到1/10的学生被录取。这对于希望进入美国大学的外国学生来说尤其困难，精英大学教育从根本上来讲在供求方面很不平衡。因此，本·纳尔逊希望建立一所能够摆脱规模制约的精英大学。

随着信息技术的不断发展，“互联网＋教育”这种新型的教学模式也在不断革新着教与学的方式，尤其是当慕课、私播客等的出现和发展，使得在线教育越来越受追捧。许多大学也已经尝试开展慕课教学，但只停留在学生观看课程视频，而忽略了教师与学生的课堂讨论以及学生的主动思考，本质上仍旧属于讲授式的教学。当密涅瓦团队意识到这一点后，他们与凯克研究所合作，利用最尖端的技术开发主动学习平台，制订以学生为中心的课程体系，采用小班研讨的方式来进行教学。

**(二)实施过程**

1. 学校课程建设与招生机制

密涅瓦大学2014年开始第一次招生，至今已经招收三届学生，同时在全球的大城市：美国旧金山、巴西里约热内卢、南非开普敦、印度孟买、阿根廷布宜诺斯艾利斯、德国柏林、澳大利亚悉尼、英国伦敦、中国香港等开展课程教学。在与凯克研究所的合作后，密涅瓦大学设立了四年制本科学位专业，包括艺术与人文科学、计算科学、自然科学、社会科学和商学，以及两个研究生学位专业，包括艺术与科学应用及应用分析和决策。密涅瓦大学不提供新生入门课程，学生在入学前需要进行大量的自学，密涅瓦大学真正的课程要求从传统大学的大三年级开始。

密涅瓦大学的招生过程通过互联网进行，面向全球范围内高三学生。在学生招录过程中只考虑学生的学业因素，不要求SAT成绩，而课外活动、家庭背景和经济捐赠情况等其他因素都将被忽略。同时，密涅瓦大学招生录取时对地域和学生性别比例有固定要求，正如本·纳尔逊所说，密涅瓦大学不是一所90%都是美国人的学校，而是一所真正希望召集全球各地最优秀学生的学校。

学生在申请密涅瓦大学时需要在填写报名表后，进行认知科学和非认知科学两个测试。学生经过测试后，密涅瓦大学会组织学生进行面试，并要求学生当堂写一篇拟定题目小文章，以测试学生逻辑分析能力和思辨能力。和SAT不同，这些考试是申请者无法提前准备的，从而保证了整个招生过程中最终找到真正优秀、有潜力的学生。密涅瓦大学设计的线上评价考试，不仅仅对学生的知识面和分析能力进行考量，还对学生的领导才能和创造力给予充分重视。

2. 在线互动式学习

不同于一般大学采用的大班讲授式教学，密涅瓦大学的班级都是人数不超过20人的研讨班，课堂的教学方式都是研讨式的，主要聚焦于学生之间的讨论、交流和协作的主动学习，以促进学生加深对知识的理解，提升学生在真实环境中解决问题的能力。

在密涅瓦大学学习的四年中，学生每堂课都会进行在线学习。密涅瓦大学聘请来自世界顶尖大学的教授在其开发的在线互动教学平台(Active Learning Forum)上向学生讲授专门的在线视频课程，并要求教授在授课过程中引导学生就所学内容展开在线讨论。校方会根据全球不同时区的学生合理安排课程，学生可以在城市中任何有网络连接的地方上课，上课时只需要打开电脑，登录平台即可参加课程学习和讨论。

例如，在一节45分钟的课堂上，线上教授可以对课堂进行严密掌控，首先他提出本节课的讨论主题“如何才能在2050年之前解决全球粮食短缺问题”，并就电脑屏幕显示的几种解决方法要求学生通过投票选择自己认为的最佳答案，同时做出解释。这时学生可以自由发表言论，教授与其他学生可以实时提出评判和质疑，每个学生都可以在电脑屏幕上看到教授和班级其他同学，整个讨论氛围就如同在真实的课堂上一样。在授课过程中，教授可以注意每一个学生的学习状态，当发现一个学生没有参与讨论时，可以即时点名，请他表达自己的看法，让他加入课堂的学习中。

教授和学生在在线互动教学平台上，通过“问答”“点名”“举手”“投票”“分组讨论”“辩论”“协作”“即时反馈”等功能实现交流互动，教授可以随意穿梭在各个小组之间，也可以实施课堂测验，也可以在课后调出视频记录给予每个学生准确的课堂反馈，通过“内容测试”及长期的课堂表现记录，收集学生在各教学阶段的信息，包括他们的作业表现和对知识的掌握程度，以调整课堂内容和节奏，提供更有针对性的指导。教授和学生通过在线学习平台将课堂交互程度数倍地提升(通过举手、投票、问答、辩论、协作等)，并将学生的每个交互反应都实时记录下来。

3. 线下沉浸式体验

在密涅瓦大学，学生的学习体验远远超出课堂。课程辅之以一系列的项目计划，对每个阶段的学习环境进行扩展补充。在密涅瓦大学的四年期间，学生有很多机会参加具有挑战性的、特定地点的项目计划从而能够将在课堂上所学的概念应用到现实生活中。

例如，在每个星期，学生可以利用在每个城市的丰富资源，参加工作会议，与民间组织合作并与著名文化人物进行交流。这种利用学生经验和学术团队开发的程序旨在加深学生对学术材料的理解和加强学生实际应用技能，同时培养至关重要的性格特征，如同情心、适应性和责任心。

**(三)实施效果**

密涅瓦大学这种全球体验和在线互动式相结合的教学模式使学生的学习体验新鲜而充实。除了前文提到的每年有大量学生申请外，在密涅瓦大学学习的学生对于密涅瓦大学的评价也非常积极。例如，密涅瓦大学首届学生伊恩(Ian)就表示密涅瓦大学的学习体验满足甚至超出了他先前所有对大学的期待。学术上自由的空间让他能够追求自己感兴趣的领域，这种创新性教育方法的课程设置能够使他体验很多新鲜事物。而另一位年轻的巴勒斯坦姑娘拉娜·阿布·迪亚卜(Rana Abu Diab)表示，密涅瓦大学提供的在线互动式学习让她能够与全球顶尖名师以及来自多元化背景的同伴进行文化和思想交流，并体验多种不同的生活方式，使她不仅学习了专业知识，而且也真正学习如何去思考。

## 四、案例特点与创新

### (一)案例特点

密涅瓦大学最大的特点在于它利用最先进的技术平台——互动式学习平台开展小班模式的研究式学习，课程结构和教学方案都是专门为师生间有更多互动和交流而设计的。本·纳尔逊认为 MOOC 依然采取大课模式，教授面对成千上万名学生进行讲授，但是和学生之间鲜有交流。而密涅瓦大学不是一个 MOOC 的提供者，它的教学方式将会与 MOOC 和传统大学截然不同。它的课程设置不是大规模的，无论是在线或在堂课程，都以小组研讨会的形式进行，传统的讲授课是不允许的，每个研讨会只有至多 20 名学生参与，并有一位教授与学生进行即时交流。

### (二)案例创新点

1. 基于学习科学理论的在线互动式学习

密涅瓦大学的学生也会和传统大学的学生一样，聚集生活在一起，也会一起上课，只是教师未必在现场，而是采用网络直播互动去教学。密涅瓦大学用互联网解放了师资资源，教师可以在英国给中国校区的学生上课，只要他们能够联网就能完成授课。而学生也不会因为地域不同的关系中断学习进程，因为他们的数据是放置于密涅瓦大学平台的，学校能一直追踪学生，学生也能随时找到自己要上的课、想学习的教师，而且还能四处游学，当地也有校区让他们聚集，对他们进行管理，维持日常的校园生活。

在密涅瓦大学，所有的课程将在网上授课。网上教育的好处是教授可以实时查看、分析辨别学生的学习结果，并据此调整课程，也可以在课下通过回看录像，根据学生的课堂表现提供针对性的点评意见，这是一个与教师授课、学生听讲这一传统方式完全不同的模式。密涅瓦大学的科技手段让教授对于学生在课堂的表现能既有定性的了解，也有定量的了解，并根据这些数据资料给学生提供额外的指导。

2. 沉浸式的全球化体验

把学生连续四年都安排在马萨诸塞州的剑桥镇或康涅狄格州的纽黑文村，并告诉他们世界在发生什么，或许这并不是真正培养全球化人才的最好方式——但这个社会空前地需要全球化的人才。所以密涅瓦大学的学生在四年内的每个学期都会到世界上一个不同的城市生活和学习，包括美国旧金山(第一年)、印度孟买、巴西里约热内卢、中国香港、澳大利亚悉尼、英国伦敦和南非开普敦等。他们会以班级为单位住在那个城市，整个城市就是他们的校区。因此，学生会融入当地的文化，掌握当地的语言，并充分利用这个国家和城市的社会特点进行实践性的活动。四年后，他们将建立一个真正的全球关系网络和对于这个世界的理解。

## 五、案例经验与启示

2014 年 10 月 15 日，中国领先的教育科技企业——好未来正式宣布已领衔中国投资财团与美国硅谷著名的基准投资公司共同投资了美国密涅瓦大学。好未来领衔的中国财团共募集 2 500 万美元。其中，好未来单方出资达 1 800 万美元，涌金集团与真格基金共出资 700 万美元。

到 2016 年，柏林和布宜诺斯艾利斯校区将会正式开设。未来除了已确定的布宜诺斯艾利斯、柏林、孟买、香港、伦敦和纽约之外，密涅瓦大学还会在其他城市开设“分校”，希望未来能有 20 多个城市“分校”供学生选择，城市的主要选择标准包括学生体验质量、获得专业学习的机会、安全性等，像上海、北京这样的中国大城市都在密涅瓦大学考虑范围之内。

密涅瓦大学的教育模式无疑是高等教育领域一项前所未有的尝试。有教育界人士对此表示质疑，认为密涅瓦大学无法引来世界上最优秀的学生，毕竟它没有“常春藤”的头衔，也不打算建设如运动场馆、剧院和音乐厅等一般名校都有的配套设施。而密涅瓦大学的真正作用，可能并不在于形成一种可大规模推广的教育模式，而在于启发人们进一步解放对教育方式和学习可能性的想象，并提醒人们对自身的现实处境进行反思。对于密涅瓦大学来说，要想达成其宗旨，还任重而道远，但是它的理念和提出的方法已经足够刺激高等教育的神经。斯蒂芬·柯斯林博士相信，密涅瓦大学会对世界文化产生大范围的、积极的影响，很多人的人生也会因为它而改变。

# 第八节　西班牙教堂学校互动式基础教育项目[①]

## 一、基本信息

表 2-9 概括了本案例的基本信息。

表 2-9　案例基本信息

| 案例名称 | 西班牙教堂学校互动式基础教育项目 |
|---|---|
| 实施时间 | 2011 年 |
| 主要实施者 | 西班牙圣玛丽亚教堂学校 |
| 实施对象 | 西班牙圣玛丽亚教堂学校师生 |
| 相关网址 | www. oir. ucf. edu |

## 二、案例概述

IBE(Interactive Basic Education Project，IBE)互动基础教育项目是由西班牙 Iruaritz Lezama 基金会的教育创新中心与微软公司共同创建的一个教育创新项目，该项目的主要目的是为中小学提供合理的方法，帮助学校选择和使用信息化技术以改善教学方法。通过建立个性化的教学系统，优化教学过程并为每位学生提供个性化的学习体验，锻炼他们的能力，实现教育教学目标。在 IBE 项目中，Iruaritz Lezama 基金会与微软公司合作，让学校教师、学生、管理员学会使用信息技术，基金会还为每个学生提供必要的个性化教育结构的经验，为他们在实际生活中的应用提供保障，圣玛丽亚拉布兰卡学校(Santa María La Blanca school)是 IBE 项目中应用效果最成功的学校。

① 主要贡献者：乔爱玲

## 三、案例实施与推进

### (一)实施背景

圣玛丽亚拉布兰卡学校是天主教学校，学校以能够使学生应该在一个安全的环境中获得优质的教育为建立理念，旨在为每一个学生提供免费的公共教育的机会。该校坚持教育创新、双语教学以及关注闲暇时间三个原则开展学校建设。互动基础教育项目是基于基础教育理论和实践开发的新教学方法的，该校选择参加互动基础教育项目的主要原因是它将新技术与传统资源相结合，定期在课堂中使用新技术。

### (二)实施过程

学校致力于创建信息化的学习环境，学生能够自带设备进入课堂学习，并且任何时间都可以利用技术接触到教学工具，其中 10～12 岁学生使用小型移动终端，12～14 岁学生使用笔记本电脑，14 岁以上学生可以使用触摸型上网设备。基于个性化教育支持个性化学习，IBE 项目鼓励学生自主学习，利用不同类型资源和信息进行日常学习，同时设置防火墙确保安全通信。教师可以使用 CRM(Customer Relationship Management，CRM)软件作为管理工具，通过对学生的评价，专门为学生定制教学计划，给每个学生分配不同的学习任务，施行因材施教，由教师和助教监控学生的学习过程。学生可以登录 Microsoft Office 365 帐户查看学业规划，可以和其他同伴互相协作，可以学习到一些重要的职场技能。比如，公共场合演讲，参加职业工作坊，与其他国家的学生一起协作完成项目等。

互动基础教育项目为了鼓励学生协作和创新学习，聚焦于物理空间和学习氛围的设计。学校为每一间教室提供必要的设备(白板、投影仪等)，联通 WIFI，并将学习空间设计成类似工作坊的样式，包括更多集中式培训的主题空间，如花园、森林、集会场所、圣所、文明场所、海洋班级等，将美学和社会价值观同自然科学联系起来。学生可以开拓他们的眼界和世界观，也可以开发他们的思维创造力和想象力。

### (三)实施效果

基于在美国和欧洲使用新技术的成功经验，已经有一些知名公司参与该校的技术项目，如微软、西班牙电信和领英。这些公司表示有兴趣派遣教师到马德里以及西班牙其他省份的其他学校，以便他们可以再现该校的技术方法。西班牙圣玛丽亚教堂学校认为，在各级教育中的课堂上定期使用新技术非常重要。在日常安排中将这些技术资源与其他传统资源，如教科书、百科全书、书面文件、笔记本等结合使用，并利用每种资源的优势，培养学生多方面的能力。根据学生的不同个性探究专业兴趣，学校定期举办一些课程，让学生接触到学校的不同专业人士，学生可以向不同专业的专家进行提问，专家自由地向学生解释他们的工作都包括什么，这样学生就有机会找到他们的问题答案。

鼓励学生在公共场合学习发言，从教育的第一阶段开始教学生如何公开发言。在学校会议期间，学生甚至有机会实践他们的公共演讲技能。西班牙圣玛丽亚教堂学校认为确保学生了解团队合作的价值，并在团队合作中受到尊重以及尊重每个人的想法是十分重要的。学校通过使用不同的技术资源，在与不同的中心建立协议的情况下，鼓励学生不仅与同班同学，甚至与来自不同国家或地区的学生进行合作。此外，学校帮助学生了解阅读与学习的紧密联系，通过不同的计划倡导学生在家阅读，以适应学生不同的阅读水平需求。同时圣玛丽亚拉布兰卡学校是一所双语学校，学生有两个日常课堂使用英语进行教学，共有 10 周的课程(占所有课程的 1/3)。学校希望提高学生的英语理解能力和表达能力，包括听、说、读和写这四个技能的发展。除了英语课，学校还用英语教艺术教育以及科学计划的一半课程。

学校开展了专注于提高英语水平的活动，与爱尔兰、美国、英国、澳大利亚和中国进行交换计划，与姊妹学校开展其他活动。活动的制定和创建采用具有吸引力的形式，并且通常以学院为单位开展，常见的学院有：语言学院，用英语和汉语开展活动；景观艺术学院，提供喜剧、讲故事、场景和木偶表演的课程；音乐和舞蹈学院，提供音乐班、吉他、钢琴、芭蕾舞和体操的课程；美术学院，提供绘画课程及工艺课程；体育学院，提供游泳、美式乒乓球、网球、足球和篮球的课程。

## 四、案例特点与创新

西班牙圣玛丽亚拉布兰卡学校利用新技术，为学生创建个性化的学习环境和多元的物理学习环境，增强了自身的教育责任感并依靠教学计划鼓励学生独立自主学习，促进了文化创新、教育创新，从而创建创新型教育环境。

1. 创建创新型教育环境

学校通过实施 IBE 项目，使学生能够自带设备进行学习，并为教师和学生分别提供教学管理工具、学习分析工具和学习支持工具，为学生创建了个性化的自主学习氛围。不同学习空间的设计也为学生提供了情景化的、富有感染力的学习环境，激发了学生的创造力和想象力。

2. 跟踪学生学习结果

在日常教学中，教师为学生提供了一些激发其学习积极性的学习活动，如基于项目的学习，而学校通过使用 CRM 技术，创造了一个数据库来存储学生的相关信息，从学生的地址到他们的考试分数等都包括在内，时刻跟踪学生的学习进程和学习成果，激发学生的主动性，从而提高并改善每一位学生的学习成绩。

3. 促进学校文化创新

学校非常重视学生之间的合作学习，包括面对面的或利用新技术的合作学习，这使得该校在日常的课堂学习活动中，加强了合作或协作学习活动的设计，使得校园的学习文化适应 21 世纪教育的合作创新的发展要求，从而改善学生的学习氛围和校园的学习文化。

## 五、案例经验与启示

IBE 项目通过在马德里的圣玛丽亚拉布兰卡学校的成功开展，已经逐渐被西班牙的中小学开展起来且备受称赞。IBE 项目因其对课外学习活动的助推作用而使大部分学生能够更专注于学习，也更具创造力。而其另一个主要的作用则是极大地加强了师生之间的沟通。为了在西班牙的中小学大规模地开展 IBE 项目，项目着力在三方面做出改变，分别是教师本质、技术呈现和学生角色。学生和教师的角色通过“教学计划”被改变，技术的实施和使用通过“技术计划”被影响。

圣玛丽亚拉布兰卡学校在初步实施 IBE 项目后，Iruaritz Lezama 基金会赴学校实地考察并对现有的技术设备、教学结构和空间做出诊断，为这个学校设计与之相符的课程。专业团队做出诊断并提出最低要求，Iruaritz Lezama 基金会提供咨询服务。学校做出的诊断基于许多条件，如教师和学生的数量、空间的分配、建筑形式等。好的诊断很有必要，会促进 IBE 项目恰当有效地实施。同时为每个学生设计课程，并且这些课程可以根据他们的水平和能力进行调整。IBE 项目把教师传统的角色分成两个子角色："分析员"和"专业教师"，负责对每个学生进行指导和个人通知。关注每个学生的兴趣、期望、强项和弱项，为每个学生创建个人计划和课程，了解学生个人的基础能力并和家长进行良好的沟通。"导师"要承担和传统教师一样的角色任务，指导学生个性化的课程，促进他们学习。

通过教师培训，Iruaritz Lezama 基金会应该确保机构中所有的教师具有基本的技术素养来使用新的信息技术。为了达到这个目的，IBE 项目有多个教师培养方案。IBE 项目确保每个学生人手一台笔记本或平板和 100%的 WIFI 覆盖率，允许学生进行灵活性、个性化、创造性的学习。所有教室都有投影仪和电子白板、音响和工作坊。每个学生都会有自己的笔记本，学生会产生无比空前的灵活性和创造力，他们的使用权由教师决定。在教师获得培训后，基金会制订绩效计划，指导学生和家长怎样使用这个设备，这项计划是根据个例定制的，包括互联网信息、学生代表会议、家长会议、视听资源、辅导会议等。一旦整个实施过程被投入使用，基金会将会给学校提供一个 IBE 项目的证明。IBE 项目由于它的课外活动、高度创造力和学生的好评被全西班牙熟知，最重要的是加强了教师和学生的互动。

# 第三章　学习环境与空间建设案例

教育信息化基础设施建设是实现教育信息化的物质基础和先决条件，也是教育信息化进程中重点建设内容之一。《国家中长期教育改革和发展规划纲要(2010—2020 年)》特别指出，基础设施的建设是重中之重，是实现教育信息化战略的首要条件。基础设施的建设包括计算机教室、多媒体教室、网络教室、校园网、电子备课室、电子阅览室、数字图书馆等的建设多个方面。20 世纪末，中国教育和科研计算机网(China Education and Research Network，CERNET)和中国教育卫星宽带多媒体传输平台(Cebu，CEB-sat)形成了“天地合一”的现代远程教育传输网络。2004 年，我国第一个下一代互联网 CERNET2 主干网建成开通。随后，“校校通”与“班班通”计划以及“农远”工程、“农远”二期相继实施。2010 年以来，“电子书包”和“教育云”项目相继启动并取得进展，“三通两平台”建设有了很多突破，包括教育信息化基础设施建设突破、优质数字教育资源共建共享突破、信息技术与教育教学深度融合突破以及教育信息化科学发展机制突破。经过十多年的建设，我国的教育信息化基础设施已经基本形成，为广大学生、教师、科研人员和管理人员使用信息化设备、接入互联网提供了条件。随着教育信息化基础设施初具规模，数字教育资源体系逐步形成，教育信息化建设从起步阶段也进入了应用整合阶段，教育信息化的发展重心从搭建基础平台转移到深化应用、促进变革的关键时期。

2016 年 9 月 1 日，教育部与中国移动签署“十三五”战略合作框架，在教育信息化基础设施建设、教育管理及资源平台、优质数字教育资源开发共享与应用、信息技术与教育教学融合创新、信息化培训、信息技术和产品研发及推广、相关活动等领域开展合作，深入推进教育信息化发展，积极利用云计算、大数据等新技术，创新资源平台、管理平台的建设和应用模式。各地区根据信息化教学的实际需求，充分利用现有通信基础设施，加快推进区域平台建设和国家教育资源平台的协同服务，鼓励企业根据国家规定与学校需求建设资源平台。全面完成教育规划纲要，基本实现各级各类学校宽带网络全覆盖与网络教学环境全覆盖，优质数字教育资源服务基本满足信息化教学需求和个性化学习需求，网络学习空间应用普及，实现“一生一空间”“生生有特色”，教育管理信息化水平显著提高。2016 年 9 月教育信息化工作月报显示，教育资源公共服务平台、国家教育资源公共服务平台已开通教师空间 817 万个、学生空间 412 万个、家长空间 341 万个，教师空间、学生空间同比上月分别增长 27%、8.5%。[①] 2016 年 9 月 20 日、22 日和 23 日，分别在北京通州、广东肇庆和东莞举办了国家教育资源公共服务平台规模化应用试点地区的骨干教师国家级培训，共培训了 1090 名基层校长、教研员和学科骨干教师。

信息技术应用不断深化，经济社会数字化、网络化转型步伐加快，网络空间正能量进一步汇聚增强，信息化在现代化建设全局中的引领作用日益凸显。但是，我国信息化发展也存在比较突出的问题，主要是核心技术和设备受制于人，信息资源开发利用不够，信息基础设施普及程度不高，区域和城乡差距比较明显，网络安全面临严峻挑战，网络空间法治建设亟待加强，信息化在促进经济社会发展、服务国家整体战略布局中的潜能还没有充分释放。

本章选取一个典型的国内案例和多个国外案例，对典型的教育信息化基础设施案例进行介绍。江苏省常州市教育局于 2013 年年底启动区域在线教育平台项目——“青果在线”，旨在运用互联网信息技术，为常州市 40 余万在校师生提供指导性学习、自主性学习、统计评价、互动活动、基础应用等服务，打造支持学生在家和在校学习的信息化平台，满足学生的个性化自主学习和成长需求。国外典型案例包括：日本东京大学的未来教室将先进的科学技术融入教室的设计中，打造出进行创新教育、创新活动的专用教室；美国 AltSchool 通过技术平台和微型学校帮助教师创造个性化的教学计划，推行以学生为中心的教育模式；北卡罗来纳大学夏洛特分校数字校园发起课堂设计新举措促进学生积极协作学习，通过实践活动和实验室增加学生的参与度；美国史密森尼博物馆以大量研究数据为依据，开展新奇的、探索式的学习体验，鼓励学生进

① 中华人民共和国教育部 .2016 年 9 月教育信息化工作月报[EB/OL].[2016-10-25].http://www.moe.edu.cn/s78/A16/s5886/s6381/201610/t20161025_286157.html.

行探究学习；纽约州立大学布法罗分校利用先进的信息技术手段为学习者的学习和交流打造一个网络化的学习场所，把物理的实体空间和虚拟的信息空间整合在一起，从而实现把学校里各种各样的学习社群联结在一起的学习共享空间等。通过国外典型案例的介绍，为国内教育信息化基础设施的建设提供可借鉴的思路，旨在助力搭建一个富有信息化特色的 21 世纪学习环境。

## 第一节　江苏常州市区域在线教育平台①

### 一、基本信息

表 3-1 概括了本案例的基本信息。

**表 3-1　案例基本信息**

| 案例名称 | 江苏常州市区域在线教育平台 |
|---|---|
| 案例范围 | 江苏省常州市所有中小学 |
| 实施时间 | 一期 2013 年 12 月、二期 2015 年 1 月、三期 2016 年 1 月 |
| 主要实施者 | 江苏省常州市教育局、江苏省常州市教师培训中心、北京天仕博科技有限公司 |
| 实施对象 | 江苏省常州市中小学学生及教师 |
| 相关网址 | www. qingguo. me |

### 二、案例概述

江苏省常州市教育局于 2013 年年底启动区域在线教育平台项目——“青果在线”，并先后于 2013 年 12 月、2015 年 1 月和 2016 年 1 月陆续实施三期工程。该项目旨在运用互联网信息技术，为常州市 40 余万在校师生提供指导性学习、自主性学习、统计评价、互动活动、基

① 主要贡献者：李波

础应用等服务，打造支持学生在家和在校学习的信息化平台，满足学生的个性化自主学习和成长需求。

“青果在线”是以学习者为中心的在线学习管理和服务平台，也是国内较早上线的K12领域在线教育平台。其突出特点是激发学生的自主学习，满足个性学习的需求。该平台支持学生在家学习、交流和分享，师生利用平台进行微课程学习，参与线上线下活动，与其他师生进行互动交流。该平台对所有学生和教师开放注册，助力于学生的个性学习和成长，通过资源共建、数据共享、学情分析等，支持教师的专业发展。“青果在线”将课堂教学为主的教学模式转向基于网络的课内外相结合的教学模式，达到课堂教学知识的延展与拓宽，使学生由依赖书本学习转向学会利用资源学习，由局限于校内的学习转向任何时间、任何地点的学习，把学生从被动的接受学习转变到主动的发现学习中来，改变课堂教学中的师生关系，培养学生的自主参与、自主思考和自主实践的能力，构建平等、自主、个性、互动式新型师生关系。

平台以课内与课外、学习与活动相结合的方式，聚集了一大批优秀教师和优质教育资源，建立起在线学习课程资源体系，为学生构建全新、开放的混合式学习环境，从而在根本上促进传统课堂教学模式的有效变革，探索新的教与学的方式，并且有效提高学生学习兴趣和质量。学习平台主要面向教育工作者、在校学生、在校学生家长、非在校自由学者，利用互联网技术优势，为常州在校学生提供免费的优质基础教育；为教育工作者提供更多元灵活的教学模式和教学数据分析；为家长能够多方面并实时了解学生的学习状态提供支持。同时平台项目通过政府指导下的企业运营机制，保障了构建长久学习生态系统的目标，持续提升了教育为学生、家长、教师、行业、社会服务的能力。

平台项目由江苏省常州市教育局统筹规划和监督，并负责相关基础课程的资源建设。在常州市教育服务中心的具体指导下，北京天仕博科技有限公司进行各功能模块的建设和在线学习平台的运营工作。目前，主要功能模块包括门户、MOOC平台、我的书房、个人空间、统一认证、资源管理、资格考试、学习广场、学霸导学、名师学校、青果巷、活动部落、互动问答、个人空间、i信、课堂、空间、社区、果园、应用、寒暑假作业等。截至 2016 年 3 月，总访问量接近一千万，总访客数将近 200 万，平均每天在线突破五千人。

## 三、案例实施与推进

### （一）实施背景

《江苏省中长期教育改革和发展规划纲要（2010—2020 年）》提出教育信息化程度达到发达国家平均水平的目标。在《常州市中长期教育改革和发展规划纲要（2010—2020 年）》中，将教育信息化建设列入重点项目。为了贯彻执行《常州市中长期教育改革和发展规划纲要（2010—2020 年》，完成教育信息化建设项目的重点任务，根据国家、江苏省教育信息化“十二五”发展规划和常州市教育的实际情况，在常州市教育局的支持下，常州市教育服务中心决定建设集多样化、个性化、交互性为一体的中小学学生数字化学习平台，开展数字化学习项目建设，探索数字化学习的经验，构建数字化学习与支持体系的有效模式。

早在 21 世纪初期，常州市委、市政府就开始推进教育信息化建设。通过近十年的努力，常州市教育信息化在基础设施建设、数字化教育资源建设、信息技术普及、运用信息技术提高教育教学质量和管理水平等方面取得长足进步，极大地改善了学校办学条件，有效地促进了优质教育资源共享，为推进常州市教育改革和发展做出了应有的贡献，也为“十二五”教育信息化工作奠定了良好的基础。2010 年，常州市委、市政府将教育信息化建设列入重点项目，为“十二五”教育信息化发展带来新的机遇。

在教育信息化的大形势下，常州市加大投入、加快建设，使全市教育信息化工作取得了显著的成绩，面向全市的教育信息服务体系初步形成。学校信息基础设施建设取得了突破性进展，信息技术教育基本普及，教师的现代教育技术培训工作成效显著，教育软件资源建设初具规模。

### （二）实施过程

“青果在线”项目建设的总体目标是真正实现学生自主学习，推进学生的个性化学习，在五年内达到国内在线教育领先水平。具体来说，一年内实现初中数学微课程全覆盖，三年内实现中小学主要学科课程全覆盖，建立完善的交互式的学习平台，推进学生的个性化学习，建设完善的移动终端平台，同步实现大数据挖掘与整理功能。具体表现在通过个人空间、个人主页、社团、问答、微博、i信等方式，建立以学生为中心的交流、互动、分享的教育人群生态链；集成以微课程、微实验、题库、自然科学、社会科学、生活百科等教育资源共建共享的教学资源生态链；通过在线导学、学科工具、资源推送、运维管理、数据报、教师教研等功能，将学习服务、管理服务、信息服务、数据服务打造成教学服务生态链。

常州市建立了以教育局为牵头领导，由常州市教师培训中心组织，以常州市部分学区典型中小学校长、教师为协办人员，以北京天仕博科技有限公司为技术支持的平台功能研发及实施监控小组，对整个平台各期上线功能进行多方面的可行性调查、测试、试运行，对学生等直接使用人群的使用体验进行实时反馈并及时调整。“青果在线”在搭建初期，主要从以下五个方面考虑：一是将平台定位为高交互性网站，如微课、实验、互动问答、青果巷、活动部落等模块，用户每次访问都要求反馈动态数据。二是面向较大的用户基数，平台现有用户已超过45万，其中学生约43万，教师2万。随着青果平台的推广，也对平台的易扩展性提出挑战。三是具有快速的响应时间，同时应用软件以优化的数据结构、合理的流程设计满足系统高效性的要求，页面平均响应时间少于5秒。四是用户访问具有周期性和并发性，如周一至周五，在上午和下午集中上课时会出现较大的并发访问，学生假期自主学习也会产生高并发访问。五是风险考虑，服务器拓扑结构采用的是当前大中型网站流行的架构方案，既考虑了平台的稳定性，也考虑了业务的增长需求，同时还兼顾了日常平滑升级部署及避免服务器故障带来的停止服务问题。

1. 平台部署拓扑结构

为了满足常州市40多万用户访问青果在线平台以及开展相关应用的需求，既要最大限度满足用户的应用需要，又要减少资源的损失和浪费。针对青果平台目前所具有的门户WEB访问、微课学习、虚拟实验室、导学应用、资源服务、数据存储与管理、资源与应用的对接等业务，考虑并发访问负载、并发时段，平台设计了分层方式的、具有均衡功能的拓扑结构，并提供了具有高性价比的服务器配置方案，如图 3-1 所示。

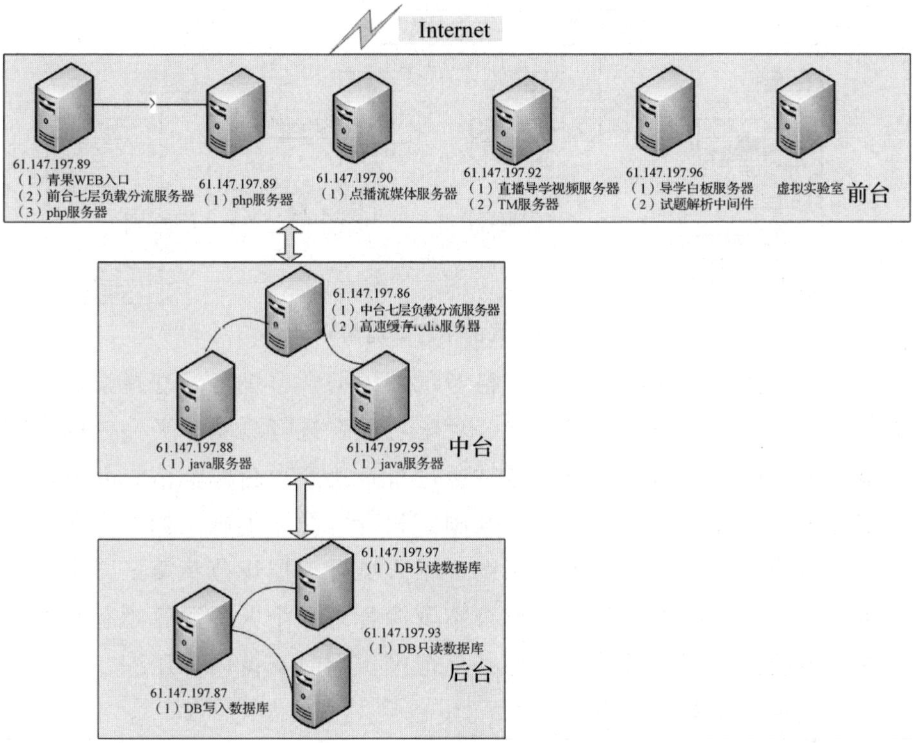


**图 3-1　平台部署拓扑结构图**

2. 一期平台上线功能

“青果在线”一期于 2013 年 12 月上线，主要上线功能有青果在线门户、MOOC 平台和我的书房。本地的小学、初中、高中学生不需要注册，以全国学籍号为帐号即可登录青果在线门户，支持非本地用户根据自身的身份进行实名注册使用。MOOC 平台是一个集门户、空间以及教学应用为一体的综合性教学服务平台，门户首页显示的热门内容帮助平台用户准确捕获平台最新动态。用户通过课程导航可以自主学习，平台有提供小学、初中、高中全科的微课。我的书房是用户通过客户端软件登录连接到云平台，选择作业上传，编辑，答题，然后回传到服务器，我的书房后台通过用户数据可以列出学情分析表和图表，如图 3-2 所示。

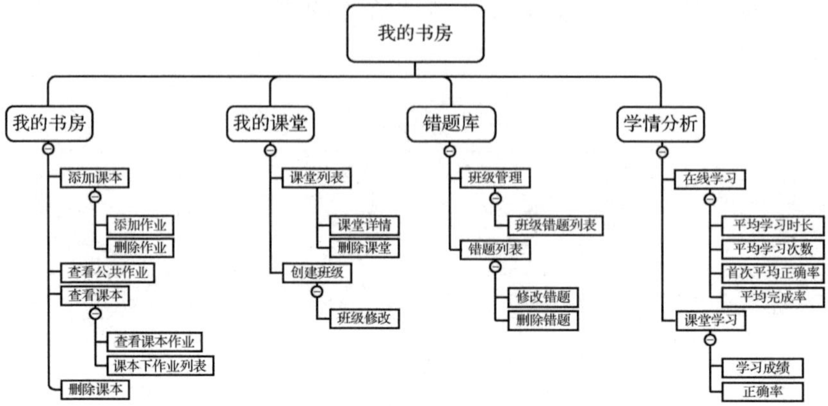


**图 3-2　我的书房功能简介**

平台支持在线学习后进行资格考试，根据学习进度，选择学段、年级、学科，系统将随机生成试卷，对学习成果进行测验。平台上的考试结果受常州市教育局的认可，考试通过可直接获得免修资格。此外，平台施行统一认证和单点登录，根据国家教育资源分类制定标准资源接入接口，由第三方资源方提供，系统运维人员可根据规范将第三方资源引入系统平台。资源管理系统支持校本资源管理和个人资源管理，具有完善的权限控制机制，可设定资源共享范围，同时支持内容压缩、内容加密和断点续传功能，如图 3-3 所示。

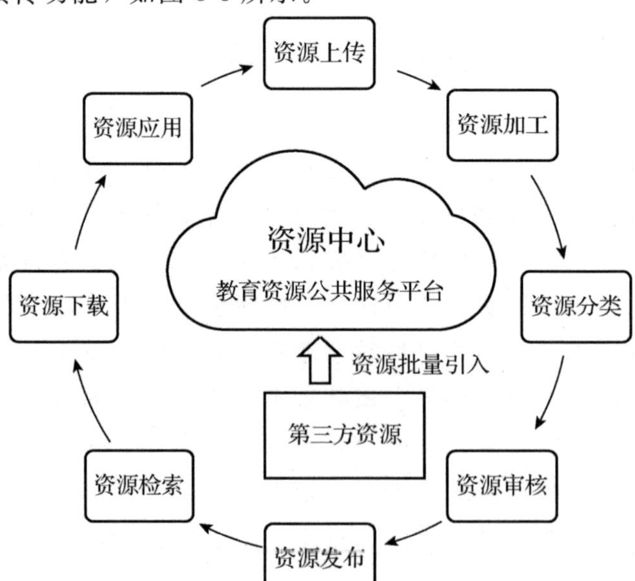


**图 3-3　资源管理系统示意图**

3. 二期平台上线功能

“青果在线”二期于 2015 年 1 月上线，主要上线功能有学习广场、学霸导学、名师学校、青果巷、活动部落、互动问答和 i 信。学习广场包含微课程和教学实验，是成为学霸的捷径。用户通过知识树自主选择微视频课程学习和在线微实验。学霸导学是一种即时在线演示教学系统，配合“在线导学”栏目，由名师主导与注册用户在线协作互动学习，支持 PC 端和移动端同步操作。名师学校包含名师学校首页、名师工作室，为教师提供一个交流、学习、分享、提升的平台。青果巷是为了丰富教师以及学生的课余生活，加强师生之间沟通互助而设置的模块，具有共同兴趣爱好的人员聚集在一起，交流沟通，为更好的学习生活提供方便。活动部落是青果在线系统中线上活动、线下活动的聚集平台系统。通过线上活动和线下活动两种形式，满足不同人群、不同环境的要求，方便用户之间交流沟通学习使用。互动问答是采用用户自己具有针对性地提出问题，其他用户来解决该问题的模式，来达到分享知识的效果。i 信是即时通信工具，通过文字、语音、图片等方式搭起用户间沟通的桥梁，并支持离线消息、文件传输、截屏、震屏等功能，可以实现 Windows、Android 等跨平台、多终端的应用。

4. 三期平台上线功能

“青果在线”三期于 2016 年 1 月上线，课堂、空间、社区、乐园、导学、果园、应用、寒假作业和学吧是本期上线的主要模块。课堂是在校学习之地，为师生提供我的书桌、我的课堂、错题库、我的收藏，全方位支持师生的指导性学习。空间是在线娱乐之地，聚合了个人空间、班级空间、社团空间、学习小组、名师学校。社区是在线互动之地，是二期“互动问答”的全面升级，为用户提供更专业的在线交流区。乐园是活动夺宝之地，是由“青果在线”学校官方组织各类活动的福地，仅限常州本地师生参与。导学是进阶学霸之地，由常州市本地教师团队，以及省常中、市一中、北郊高中等众多学霸定期在线开课，高人指路，学习难点轻松搞定。果园是名校汇聚之地，汇集“青果在线”学校中所有入驻学校，轻松浏览各大名校门户。应用是神器争夺之地，网络时下热门在线应用、PC 客户端、手机 APP，精品应用统一认证登录。寒假作业是欢度假期之地，由常州市本地各学校自行布置在线作业，学生在线答题，系统自动评阅，由常州市 8 所中小学、5 校联盟和技术支持方共同出题。学吧是在家学习之地，全面升级二期的学习中心，小、初、高不同学段学生能够快速检索教学资源、作业题库、青果实验、名师学校、学霸微课、网络编程、STEAM 课程等，教学资源跨越小学、初中、高中三个学段，涵盖数学、语文、英语、历史、地理、政治、物理、化学、生物等多学科多专业，如图 3-4 所示。

| 课时目录资源汇总 | | | | |
|---|---|---|---|---|
| 课时总数：4012 套学习课程 | | | | |
| 每套包含：微课程、反馈练习、作业、教学课件、微实验等 | | | | |
| 学段 | 小学 | 初中 | 高中 | 小计 |
| 年级 | 1～6 | 7～9 | 10～12 | |
| 数学 | 652 | 267 | 135 | 1054 |
| 语文 | 598 | 270 | 168 | 1036 |
| 英语 | 500 | 281 | 150 | 931 |
| 物理 | … | 119 | 133 | 252 |
| 化学 | … | 67 | 50 | 117 |
| 生物 | … | 121 | 168 | 289 |
| 历史 | … | 152 | … | 152 |
| 地理 | … | 51 | … | 51 |
| 政治 | … | 130 | … | 130 |
| 合计 | 1750 | 1458 | 804 | 4012 |

| STEAM 课程 | | |
|---|---|---|
| 自然科学 | 社会科学 | 生活百科 |
| 生命科学 | 文学 | 生活小常识 |
| 天文学 | 艺术 | 生活小窍门 |
| 地球科学 | 体育 | 健康饮食 |
| 数学 | 语言 | 安全常识 |
| 物理学 | 历史 | 急救常识 |
| 化学 | 哲学 | 疾病预防 |
| | 法学 | 运动健身 |
| | 宗教 | 低碳生活 |
| | 政治 | |
| | 经济 | |
| | 军事 | |

**图 3-4 学吧资源的主要学科和内容**

5. 平台推进机制

平台开展了一系列的线上线下活动。基于青果在线二期，平台策划并成功举办了首届全市范围的、线上线下相结合的青果暑期系列活动。既有与本地优秀师资联合举办的活动，如与创客名师管雪沨共同举办的“创客智造世界”、与夏恩红杉树英语合作举办的“英语达人秀”等，也有独立举办的活动，如众筹性的“青果感恩教师节”等。与线上系列活动相配合，“青果在线”暑期活动总结表彰大会，得到了全市学生、家长、教师的关注。多样的线下活动带动学生、教师更加自主地使用平台进行日常学习、交流、管理等，极大地提高了青果在线的知名度和影响力。

**(三)应用实例**

1.“青果在线”线上导学

“优秀教师免费导学”是常州市教育局自 2012 年开始的一项教育惠

民活动，目的是为了解决社会需求与优质资源不足之间的矛盾，使教育更好地为群众服务。同时也为了有效改变有偿家教市场泛滥，学生得不到科学有效的课余指导的现象。活动至今已举办了八期，6 万余名学生参加，8 000 余人次教师参与导学，2014 年获得常州市市级机关优秀服务品牌的称号。在以往导学的基础上，2014 年第五期导学开始设立“青果在线”网上导学方式，学生在线预约成功后，在家通过“在线导学”页面接受“一对一”或“一对多”的线上指导。每周六安排教师上线导学，2015 年暑期实施“学霸导学”和外教英语导学。

导师团队包括优秀在职教师、优秀学生、来自社会教育机构的外籍教师义工。导学内容主要针对初中（含小学）数、理、化、英学科，包括学习问题诊断、学习方法建议、学习困难助解、学习能力提升、青果在线课程学习，采用“一对一”指导或主题式指导。如暑期的“学霸导学”，从省中、一中、北郊三所高中的自主招生录取学生中择优选出 150 多个“学霸”，人均参与 2～3 次导学，每周五上午在青果网发布下一周的“学霸导学”预排表；预约成功后，可在规定的时间内在导学室与学霸通过视频、文字、图片等富文本方式交流。又如暑期“青果在线”外教导学，每周在“学霸导学”栏目发布下一周的外教预排课表，并在相关群及网站发布当周导学消息。教师提前登录，进入“学霸导学”导学室，在规定的导学时间内通过语音、文字、图片等方式与在线学生进行交流。开学后的每周六，学生在家通过“在线导学”页面接受“一对一”或“一对多”的线上指导，教师在接到导学通知的一周内登录导学页面注册相应信息，完成教师日常线上导学。

通过导学，学生不仅巩固了课堂上的各类知识，提升了自主学习的能力，还认识了很多新同学和教师。引入优秀学生和外籍教师到导学队伍，丰富了导学的内容，增强了导学的针对性。2015 年 7—8 月，161 名优秀学生被特聘为“青果小老师”，通过“青果在线”平台开展了 187 次线上导学活动，45 天在线导学活动，共有 925 人次的学生参加，同时开展了 5 次外教线上口语交流活动。截至 2015 年年底，合计导学场次 300 多场，预约导学人数将近 2 000 人。

2.“青果在线”寒暑假作业

“青果在线”组织常州市教科院和有关学校编写网上寒暑假作业，供学生自主选做，通过优质资源共享，让常州全体师生受益。2015 年暑假前，由常州市教科院学科教研员领衔制作，7 所优质项目学校参与编写的暑假作业，弥补了小升初和初升高毕业生暑假有组织的学习活动的空白。七年级暑假作业学科为数学、英语，新高一暑假作业则含数学、英语、物理、化学 4 门学科，平台作业与学校作业共计 171 份。平台实时记录了学生的作业得分与错题等自主学习数据。

2016 年 1 月，“青果在线”邀请常州市优秀学科专家与 8 所初中编写了初中寒假作业；2 月，204 份寒假作业正式上线。“寒假作业”系统在“暑假作业”的基础上进行了升级和改善，本次提供的寒假作业面向全体初中学生，涵盖了数学、英语、物理、化学等学科。作业的来源有三个方面，一个方面是“青果平台作业”，由常州市教育科学院的各学科教研员领衔命题；另两个方面是“学校作业”和“提优作业”，由各校根据自身实际需求参与命题，学校可以自由选择作业的对象，共有 8 所优质项目学校参与命题。网络作业的兴起，也更好地服务了教师的假期作业批改，向全体教师提供高反馈效率、高精度分析的数据支持。

**(四)实施效果**

青果在线学习平台成为 2015 年常州市教育惠民重点项目、常州市教育信息化重点项目、常州市政府支持项目，获得国家 2016 年度在线教育奖励基金。“青果在线”二期从 2015 年 1 月上线至 2015 年 12 月，年度总访问量达到 5 902 300，总访客量达到 788 229。尤其在青果暑期系列活动举办期间，访问量和独立访客多次刷新最高值，日访问量峰值达到 83 264，日独立访客峰值达到 12 083。“青果在线”二期上线首月访问量如图 3-5 所示。“青果在线”三期于 2016 年 1 月上线后，访问量突破 800 万，访客数突破 110 万，“青果在线”三期上线首月访问量如图 3-6 所示。

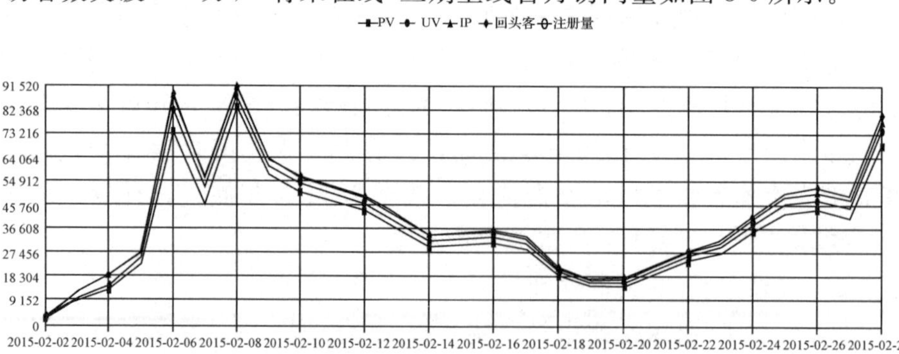


**图 3-5 “青果在线”二期上线首月访问数据**

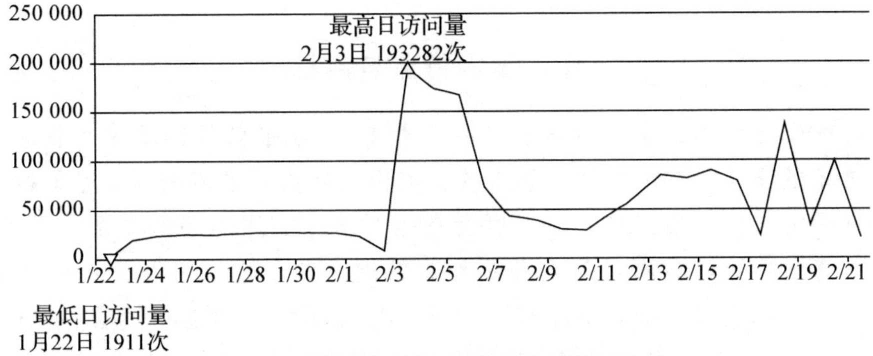


**图 3-6　"青果在线"三期上线首月访问数据**

"青果在线"上半年开通了常州市 45 万名中小学生和教师的个人空间，实现了人人通；基本实现了小学、初中课程资源全覆盖，实现优质资源共建共享；增加了学习及训练工具，全面支持学生能力提升(英语口语、语文阅读等)；完善了数据服务平台，支持学校管理决策和学生自我诊断；丰富了学生课外活动交流，推动全市社团上线；建立了名师工作室，推动了全市教研进修培训交流；推出官方活动，加强了平台的日常应用和活跃性。

"青果在线"以优质免费的学习资源为核心内容，通过架构以同步教学内容和知识点为核心的知识体系，以适应不同学生的个性化学习需求，帮助学生实现同步学习和练习。在线资源突破地区的局限性，使不同地区、不同学校的学生平等享有优质教学资源。教师利用青果在线资源，可以开展信息技术与课程整合的常态化应用，以及个性化学习的应用等。通过大数据技术分析学生的学习状态、成长轨迹与综合能力，同时对提升学生能力的微课、课件以及知识点做起点跟踪，给其制作者以积分奖励，作为其考评权重的增加点，丰富在线课程。将学生在线学习的情况和使用的教育资源制作者信息定时推送给学生家长，为家长提供评价学员和资源制作者的评分机制。

平台是体制内的在线教育探索，将帮助学生整合优质学习资源，提供有效的自主学习环境。根据学生的状态，推送针对知识结构薄弱项的微课与知识点，帮助学生自主学习与课前预习。让学生根据自身学习能力和水平，自主选择进行个性化学习。平台还提供在线考试，探索学生灵活应考的机制和环境。

## 四、案例特点与创新

教师与学生、学生与学生之间，通过PC端平台及移动端产品进行全方位的交流，增加教师与学生的交流机会并扩大了范围，拉近了教师与学生的心理距离。并且通过后台数据对学生关注的问题类型、人数、人次等进行统计分析，使教师更加有效地了解学生在学习中遇到的疑点、难点和主要问题，更加有针对性地指导学生。学生不仅能在“青果在线”平台上进行线上学习，还可以线下参与讨论。学生并没有脱离学校，而是在学校里更多地与教师交流、与同学讨论。

各种教育资源通过“青果在线”教育平台跨越了空间距离的限制，使学校的教育成为可以超出校园向更广泛的地区辐射的开放式教育。学校可以充分发挥自己的学科优势和教育资源优势，优秀的教学成果传到之前接触不到的区域中。此外，平台强调自主化学习，学生不但可以在周边、在学校形成学习小组，还可以在平台上形成巨大的学习互助社区，体现了主动学习的特点。

平台利用强大的后台数据分析，推进个性化教学形式。一方面，后台管理数据可以对平台上常州市每个学生的个性资料、学习过程和阶段情况等实现完整的系统跟踪记录；另一方面，教学和学习服务系统可根据系统记录的个人资料，针对不同学生提出个性化学习建议，为个性化教学提供了现实有效的实现途径。教师可以利用“青果在线”平台有针对性地进行个别辅导。通过后台数据，准确跟踪不同的学生在平台上学习的时间、内容，了解学生的爱好和兴趣等。平台支持信息化条件下的混合式学习模式，课前学生可以通过微课程、虚拟实验室等开展预习，课中可以通过“智动课堂”系统开展课堂学习、测评，了解课前复习效果，课后通过空间学习中心查看课堂学情数据，以及课堂学习中的所有数据。利用社团活动、i信、互动社区等功能，为学生构建了一个现实与虚拟相结合的学习社区，引导学生随时可以与其他学生进行交流、沟通、提问、互助，树立学习的自信心。平台还建立了学生学业数据档案。档案包括学生不同学科的学习数据、学情分析、单元错题本、薄弱知识点等数据，方便教师和家长及时了解学生的知识掌握情况及学习能力，为学生做出更好的个性化辅导和学习目标安排。借助大数据技术，实现对课堂和在线学习中开展的练习、测验、考试等学情数据的统计、分析，通过可视化图形和数据帮助学生、教师及时了解学情情况，实现学生的个性化成长、教师的专业化成长。

## 五、案例经验与启示

首先，平台在建设和使用的过程中仍然存在局限和不足。主要包括以下几个方面：平台功能有待进一步加强，平台架构有待进一步优化。用户共建机制的不完善，基础教育资源建设不及时，影响了师生在平台上的常态化应用。其次，没能及时满足越来越多样化和个性化的用户(学校)需求。随着平台使用频率和人次的大幅度增加，更多的需求在用户的实际使用过程中被激发出来，但是由于平台囊括的内容体量较大，不能实施迭代更新，用户的需求不能在一个较短的时间内得到满足，在一定程度上打击了用户的积极性，延缓了平台的口碑传播速度。最后，政府引导、学校使用的配套政策尚未完善。平台在整个开发、升级、迭代的过程中，消耗了大量的人力、物力，需要有一定的后援支撑、服务单位开发、学校使用，需要有政府来引导并制定相应的配套政策，否则服务单位无法正常回笼投入，影响平台的更新速度；部分功能在实际落地应用中仍然存在不同程度的差异，需要继续完善。有待供需双方的高效紧密合作，有待产品开发的持续发力，及时反馈。

平台计划在两年内覆盖到常州市城区的所有学校，全面覆盖城区，所有学生可以在线上平台完成预习、学习、考试、颁发证书，充分发挥个人兴趣及特长，对学生的所有学习轨迹完成追踪闭环，使移动终端和平台紧密相连，为平台提供支撑和服务。首先，平台应用与课堂紧密结合。在线平台与线下实体课堂学习的紧密结合，真正使学生的课上学习和课下拓展充分结合。学生课前在线上完成自主预习，课中与教师和同学互动、讨论、拓展思维，课后在平台上完成作业，同时针对不同阶段的学习内容，开展学习分享、线上活动等，有效地巩固整个知识点。其次，教师的信息化应用水平决定了平台的使用效率和使用效果。教育行政部门是学校的指引者，教师是学生的指引者，在整个中小学教育中，教师起着至关重要的引导作用。教师本身的信息化水平及信息化教育的主观趋势，将在很大程度上直接影响学生的使用频率和使用效果。同时，在学校担任其他不同职务的教师，对平台的宣传和自我使用推荐，也会直接影响平台的推广应用速度。最后，强大的后台服务与支持，和线下推广同样重要。后台客服、运维、分析团队提供的服务水平，会直接影响用户的体验效果。增加对学生及教师等平台直接应用者的调查反馈，使平台设计更符合直接用户的使用习惯。

## 第二节　日本东京大学未来教室数字空间

### 一、基本信息

表 3-2 概括了本案例的基本信息。

**表 3-2　案例基本信息**

| 案例名称 | 日本东京大学未来教室数字空间 |
|---|---|
| 案例范围 | 日本东京大学 |
| 实施时间 | 2007 年 5 月 |
| 主要实施者 | 日本东京大学 |
| 相关网址 | www. kals. c. u-tokyo. ac. jp |

### 二、案例概述

随着云计算、大数据、物联网等信息技术的快速发展，教育信息技术给教学理念和教学方式带来深刻变革，传统教育的教学模式和认知学习方式面临着挑战。多元的学习手段、泛在的教学资源、个性化的教学方式使得教学空间的界限变得模糊。实现物理空间和虚拟空间的有效融合，个人学习环境和公共学习空间的有机统一，能够提高教师教学有效性，有效支持学生进行随时、随地、随需的学习。①

① 杨俊锋，黄荣怀，刘斌．国外学习空间研究述评[J]．中国电化教育，2013(6)：15-20.

在传感技术、网络技术、富媒体技术及人工智能技术充分发展的信息时代，教室应是一种能优化教学内容呈现，便利学习资源获取，促进课堂交互开展，具有情境感知和环境管理功能的新型教室。智慧教室的提出可以追溯到1988年罗纳德·雷西尼奥(Rescigno，R. C.)，他利用电脑、闭路电视等信息技术设备，帮助不同的学生自主把握学习进度，开启了在教室内用信息技术手段辅助教学的大门。未来教室是一种典型的智慧学习环境的物化，是多媒体和网络教室的高端形态。未来教室的"智慧性"涉及教学内容的优化呈现、学习资源的便利性获取、课堂教学的深度互动、情境感知与检测、教室布局与电气管理等多个方面的内容。

日本东京大学是日本创建的第一所公立大学，也是亚洲创办最早的综合性大学之一，被公认为日本最高学府，是亚洲一所世界性的著名大学。日本东京大学将先进的科学技术融入教室的设计中，打造出进行创新教育、创新活动的专用教室。该未来教室教学环境集成解决方案着重强调教育内容、教学手段和教学方法的现代化，突出课堂教学设计和组织的作用，体现并适应教学个性化的需求，力求提高教师信息技术应用水平，更新教学观念，激发学生学习的兴趣和主动性，提高课堂教学的效率和效果，促进课堂教学的变革与创新。2007年5月，日本东京大学开始建设KALS(Komaba Active Learning Studio，KALS)未来教室，通过对学习空间基本设施的强化和大量最前沿的信息通信技术整合实践以支持多种类型的主动学习，如讨论、小组协作、讲演汇报等。KALS的主要目标是"实现理想的自由式教育"(an ideal liberal education)，研究内容是应用KALS学习环境开发学与教的最大化，设计上注重设备与师生之间的及时互动，合作伙伴是艺术与科学学院、信息学院以及高等教育研究与发展中心。

## 三、案例实施与推进

### (一)实施背景

随着信息技术的快速发展和教育理论的进步，世界各国越来越多地倡导信息技术与教室的深度融合，以构建全新的教室学习环境来提高学习质量和效率。多媒体教室及其装备将向全数字化、虚拟化的智慧教室方向发展，其特征主要体现为交互性、网络化、虚拟化、智能化四个方面：交互性指从简单的幻灯片演示加传统黑板的教学模式，向全新的数字化白板、教师与数字化资源的丰富互动、学生与数字化资源的互动、师生的课堂网络化互动方向发展；网络化指从传统的局部课堂教学，逐步向基于固网、移动网将学习活动全面渗透到学校、户外和家庭中的方向发展；虚拟化指应用虚拟现实、计算机视觉、图像处理等先进技术，建立真实的沉浸式虚拟学习环境，构建虚拟教室、智慧教室等；智能化指在智慧教室的设计和建设中引入越来越多的面向教育领域专门研发的智能技术和装备，从而为学习者营造更丰富、更有趣、更便捷、更高效的学习环境。

日本政府高度重视基础设施建设，在推进日本教育信息化的进程中，采取了多种有效的推进措施。为推动日本高等教育学术研究的快速发展，日本实施综合业务数字网(Integrated Services Digital Network，ISDN)计划并设立学术信息中心。2000 年，日本政府颁布《形成高度信息通信网络社会基本法》，正式提出“IT 立国”国家战略，为日本教育信息化建设提供法律依据。此后，“e-Japan”“u-Japan”和“i-Japan”三大国家信息化发展战略的实施使日本基础设施建设得以加强，基础设施建设的重点从早期的计算机、网络服务器变为物联网设备及其应用。2010 年 6 月，日本内阁决定实施“新成长战略”，从国家战略角度提出教育信息化的重点在于提高师生的信息技术能力，完善教学环境，努力消除数字鸿沟，实现技术立国的连贯性。

2010 年，“未来学校”项目正式启动，其日文全称为“未来学校推进事业”。日本总务省(Ministry of Internal Affairs and Communications)主要负责硬件基础设施建设，文部科学省(Ministry of Education，Culture Sports，Science and Technology，MEXT)配合推进，主要负责软件人文教育内容，配合未来学校中所使用的信息技术设备，使其有对应的数字化教学内容。在软件资源方面，日本文部科学省配合推进“学习创新项目”(Learning Innovation Project)，目的是希望实现学生之间互教互学的协同学习，根据每个学生的能力和个性组织教学，达到教师之间信息的共享。

**(二)实施方案**

日本东京大学通过对学习空间基本设施的强化和大量前沿科技在教

学中的创新应用实践，支持包括协作学习、小组讨论、实验演示等多种类型的主动学习。其整体设计体现如下的特点。

1. 空间设计

KALS 占地约 144 平方米，可容纳约 40 人，包括教室空间、等候区、储藏间、工作间和会议室 5 个概念区域，如图 3-7 所示。教室空间是主要的教学场所；等候区主要用于教学参观；储藏间放有备用桌椅以支持教学空间的桌椅摆放；工作间可以在任何时候为课堂提供必要的支持；会议室可作为课堂学习的子空间，支持小组讨论、课前预习、课后复习、协同作业、主题辩论等学生活动。

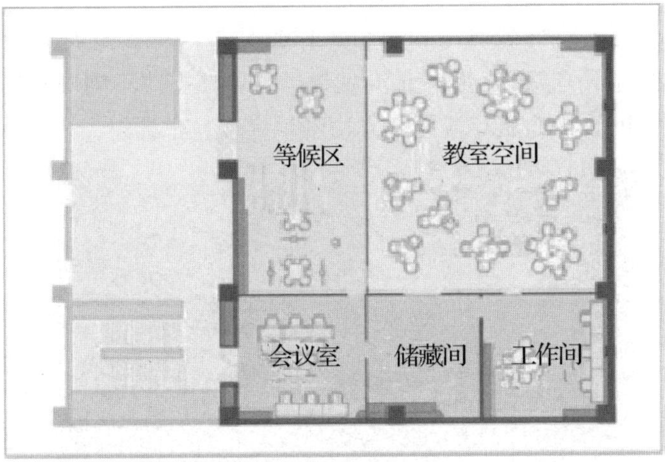


**图 3-7　KALS 俯视图**

教室空间是教学的主要场所，一些智能教室或者多功能教室采用将室内区域划分成不同的概念区来适应多种教学方式，但是这样的设计空间利用率不高，实际是一种资源的浪费。KALS 最亮点的设计是豆瓣形的课桌，流线型可拼接的形状让这套课桌可以灵活的排列组合，支持 2～6人协作学习，如图 3-8 所示。在使用中，也可以根据需要随意变换椅子位置，更好地支持互动。开放的教学环境可以增加小组讨论次数，KALS 灵活的桌椅设计以及储藏间的支持空间使其可以方便地形成各种布局，很好地提高了教室的空间利用率，能够支持多种活动，如讨论、小组活动、桌面实验、多媒体活动等。

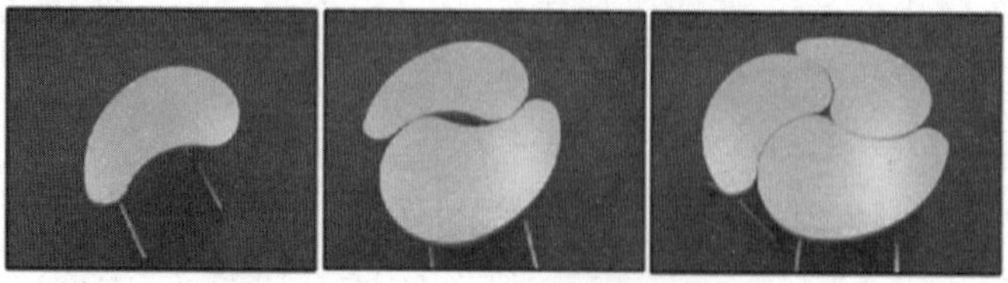

图 3-8　豆瓣形课桌

教室空间与等候区可切换透明度的玻璃(Switchable Light Control Glass)将等候区与教室空间隔开，如果等候区有客人来参观，只需轻按切换按钮将原本不透明的玻璃墙切换到透明模式，就可以清楚看见教室内的情况，如图 3-9 所示。此外，学生也可以在这里准备课程以及复习知识。上课时间结束后，学生能够将继续讨论和小组工作搬到等候区，扩展和同学的讨论时间。储藏间存放有 30 张桌子和 50 把椅子，以便支持不同规模的课堂。此外，储藏间也可放置物品存放箱，方便学生存取教学器材。

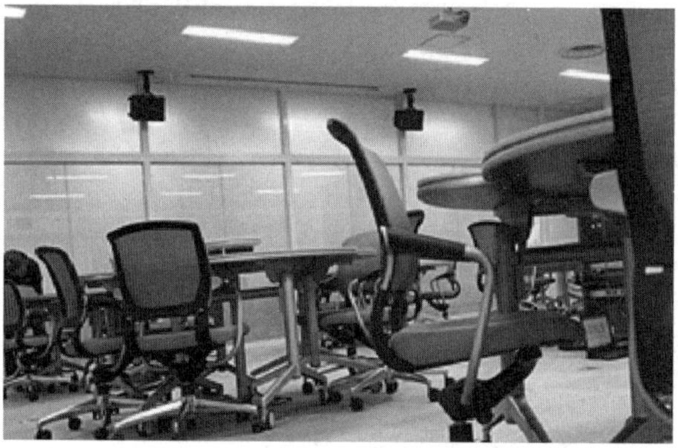

图 3-9　可切换透明度的玻璃

2. 设备配置

教室空间的四面安装了 KALS 无线投影仪(A Four-Sided Array of Wireless Projectors)，可以同时在 4 个屏幕上投射不同的图像，每个屏幕上可以显示 4 个不同的图像，让多达 16 名的学生可以同时展示他们的作品，如图 3-10 所示。此外，KALS 投入了价格昂贵的电子白板等配套设备，学生除了传统的纸、笔、书外，每人都拥有一台台式的笔记本或平板电脑，可随时下载配套的数字教科书、资料、图形软件、文本编辑器等。学生可以随意在课上做笔记、自由阅读、剪切拼接、以动画形态展示不同的解题思路。学习不再局限在教室的狭窄空间内，课外也能够在互联网上调查资料、撰写报告、制作PPT、远程视频发表各自的成果。

**图3-10　KALS无线投影仪**

日本“未来学校”中单个学校的投资目前是6000万日元左右，其中作为“一人一台”学习环境的标准配置包括：连接互联网的高速网络配置、教育专用高速网络，连接各学校与相关部门之间的云信息平台、学校内无线网络配置及专用服务器、打印机、复印机等，电源保障系统(部分为防灾体系)，教室内电子黑板、投影仪等教学设备，所有学生及任课教师人手一台学习终端(主要是笔记本电脑或平板电脑)、全套电子教科书和配套软件。

KALS强调主动学习和整合包括平板电脑在内的高新信息通信技术，能够更有效地支持学生的学习活动，让他们可以通过更高效的方法组织知识，积极自主地进行学习①。教室为每位学生配备了平板电脑，更加方便学生在课堂使用。KALS全面覆盖无线网络，教师可通过交互式电子白板展示学生的观点，也可通过交互式电子白板远程操控平板电脑；学生可通过人手一台平板电脑与教师进行交流，也可以通过按键及时响应教师的问题。此外，学生也可以使用平板电脑中的教育软件获取讲义。

3. 人力支撑

为了支持主动学习，如讨论、小组工作、桌面实验、媒体制作活动等，KALS可以根据课堂需求自由配置。此外，KALS还配有专门的职员提供咨询和整合协作。优秀的信息技术辅助教师是确保成功的关键因素，日本东京大学是信息技术辅助教师的常驻学校，辅助教师承担了信

---

① 谢未，江丰光．东京大学KALS与麻省理工学院TEAL未来教室案例分析[J]．中国信息技术教育，2013(9)：99-101.

息技术设备的日常协助和维护工作。

### (三)实施效果

日本东京大学未来教室是东京第一个利用信息技术支持协作学习的高校课堂。KALS已被选为日本文部科学省“利用信息通信技术教育新文科”的推广案例。KALS用实际教学成果展示了平板电脑和信息技术在促进学生主动学习中的作用，以达到学生更高效学习的目的。此外，未来教室中的平板电脑和互动的玻璃板也已经组合起来在国家最先进的信息化环境中使用，如个人响应系统等。

KALS在日本已经引起了公众的广泛关注，产生了诸多成果，实践证明信息技术的应用是有利于高等教育的。例如，教师中心模式、技术造就未来教室等。KALS将信息技术手段多元化应用，即将信息技术应用在学生的学习活动中，真正地做到信息化改变社会面貌和人类生活。在KALS中，教室不仅是学生学习知识的场所，还是学生的活动中心、体验中心、交流中心，将学习团体社区化。未来学校通过引入高阶学习活动和文科教育的实践经验，支持积极的主动学习，力求最大限度地为学生提供通过现象、数据、信息和成像等的知识的输入，以及阅读、写作和讨论，帮助学生进行分析、整合、评估和决策来解决问题。

## 四、案例特点与创新

### (一)案例特点

KALS倡导理想的未来教室环境，强调利用信息技术进行主动学习，培养学生独立查询和处理复杂信息的能力，从更广阔的视野培养学生在信息化时代的能力。例如，在“批判性写作项目”(Critical Writing Program)中，教师充分利用未来教室设备进行实时的互评，锻炼学生批判性思维的能力，同时让学生通过写作提升表达能力。KALS认为理想的教育应重视让学生自己整理复杂的信息，找出本质课题，并且从各种视角主动解决课题的“主动学习”(Active Learning)。KALS利用最先进的信息技术，提出了课堂教学的理想典范。学生可通过课内外资料的查询搜索，在课堂上与教师、同伴共同协作解决问题，强调问题解决的实际性。

学校通过技术手段使教师的教学行为变得完全开放，学生在课内外获取信息的渠道呈多样化特征。教师不再是知识讲授者，而是学习的辅导者。课堂组织形式以引导学生开展讨论与交流为主。同时，教师可自由组织教学活动，教学工具可支持各种媒体资源。教师和学生可根据教学活动的各种信息，依据情境、环境的差异表现改变教室布置，也可根据课堂需求改变教室结构，根据学科特性和教学活动的安排随时更改桌椅布局。KALS桌椅布置的智能化克服了以往桌椅固定式形式对信息化教学的限制，为教师组织各种教学活动提供了便利。它的先进性主要体现在如下几个方面：教学内容、教学手段和方法的现代化；采用目前最先进技术，提升课堂设备的先进性；采用以活动为核心的教学设计理论，为教师组织教学活动提供技术支撑；提供多样化的教学方式，可以满足不同教师的不同教学风格的需要；提供多种课堂交互方式，教师教学可以采用以“学”为主的教学模式。

**（二）案例创新点**

未来教室不是现代化设备的竞赛，更不是经费投入的比拼。现代教学越来越体现人性化、可适应、可持续的特征，真正的未来教室应当以投入产出的效益来衡量，以是否促进了学生全面的、个性化的发展来衡量，以教学开放、自然、灵活来衡量，以是否推动了教育模式的变革来衡量。KALS教室的空间整体布局全面、空间利用率高，从认知心理学、空间设计等角度考虑基础设施在教学中的作用。教室空间环境包括光环境、声环境、空气质量环境等，它们的设计都对课堂教学起到了促进作用，教室的设计理念可满足学科整合、资源整合对教学的促进作用。

KALS的豆瓣形课桌可自由组合、灵活度高、美观实用，提升了空间利用率，便于学生讨论交流。教室的空间布局将教师从讲台上解放下来，教师可走到学生中间，同学生就某个问题共同讨论交流。桌椅的灵活自由组合也克服了以往教师在教学创新实践中带来的不便。而且适用课程广泛，单一演讲者主导的教室将变为研讨室，学生可以在经验丰富的教师指导下交换想法和观点。教师也要不断地丰富与加强课程理论、教学理论、学习理论的研究与实践，大力开展教师的教育理念、教学行为、技术应用的培训，避免未来教室的研究与实践成为空中楼阁。

另外，KALS有利于实现实时反馈。在课堂教学环境中，学生可以通过人手持有的终端设备搜集所有的答案，并以可视化图表或同时展示所有答案的方式呈现作答结果。随时统计学生反馈的结果和比例，掌握全班学生的学习情况，并调整授课步调，便于教师掌握教学进度以及学生对于课堂的理解程度。该课堂环境促使学生聚焦并投入学习内容之中，更加便于学生的小组协作式学习，既满足了学生的独立性要求，又为学生的主动性、自主性和创造性提供了可能，促使学生去探索自己的内在思维。顺应教育信息化的时代发展和新时代对创新型人才的需求，响应了日本“u-Japan”计划。

### 五、案例经验与启示

KALS将主动学习活动以集成的方式输出，强调“主动学习”模式。通过采用课堂“就地”协作学习，促进学生的学习活动。KALS利用国家最先进的信息技术进行设计，将主动学习效果发挥得淋漓尽致。通过基于信息和通信技术的主动学习来开展培训，促使学生组织数据和信息，发现问题，通过各种决议的方式解决问题，从广阔的视角出发培养学生能力。

KALS的设计巧妙地融合了教育理念和空间设计理念，整合了高新信息技术，强调高度的交互性和人性化的设计，为未来教室的规划与设计研究提供了很好的参考和启示。在未来教室的设计中，既要体现系统理论、学习理论、教学理论、传播理论、学科教学理论等指导思想，还应充分考虑包括班级布置、教学设施以及教室的空气、光线、温度、声音、气味、颜色等物理因素。最重要的是要能够弥补传统和现代教室的不足，适应未来时代发展对人才的需求，提出有创意、有建设性的设计方案。

## 第三节　美国 AltSchool 个性化小班教学平台

### 一、基本信息

表3-3概括了本案例的基本信息。

**表 3-3　案例基本信息**

| 案例名称 | 美国 AltSchool 个性化小班教学平台 |
|---|---|
| 案例范围 | 美国 AltSchool 师生 |

续表

| 实施时间 | 2013 年 1 月 |
|---|---|
| 主要实施者 | 谷歌(Google)前负责人马克斯·温蒂拉(Max Ventilla) |
| 相关网址 | www. altschool. com |

## 二、案例概述

Alt 是 alternatives 的缩写，代表重新定义学校教育。“Alt”在德语中是“旧”的意思，代表摆脱旧的教育制度。AltSchool 的宗旨是创造一种 21 世纪个性化学习的新模式，通过技术平台和微型学校，实现个性化的教育，推行以学生为中心的教育模式。AltSchool 期望提供个性化教学方案，改革美国现有的教学模式，以使其适应数字时代对教学的新要求。Altschool 的理念是：每个学生都是独一无二的，他们在阅读、算数、艺术、体育等方面的水平不同，所以都需要特别关注，AltSchool 要通过技术平台和微型学校实现个性化的教育。当该公司于 2013 年 1 月成立时，只在旧金山拥有 1 间教室和 20 名学生，但在 1 年之后，它已有 8 所学校和 140 名学生，2016 年下半年，AltSchool 在纽约布鲁克林区开设其首家加州之外的分校。

学校通过开发客户化的软件和硬件产品，帮助教师创造更个性化的教学计划。AltSchool 不会在整个学年向所有的学生提供相同的课程，所有的教学计划会根据每个学生的情况量身定制。AltSchool 每年的学费约为 2.1 万美元，学校的工程师和教师团队的人数相等，由 45 位曾供职于谷歌、优步(Uber)的工程师对教师进行一对一的技术支持。学校提倡以学生为中心，学生可以自己决定想要学什么，班内每名学生的教学计划、课程表、作业都不同，一名学生可能上午在五年级学数学，晚上去三年级学语文。学校录取率大约为 1∶17，3500 个报名的学生只有 200 人被录取。学校签到、考试、完成作业全部需要用平板电脑以及可穿戴设备进行。AltSchool 想重新定义美国的教育制度，推行以学生为中心的教育模式，从建校之初就把科技手段融入教学管理之中。

## 三、案例实施与推进

### (一)实施背景

自19世纪末以来，美国教育领域兴起了一股改革的浪潮，其关键词就是“个性化学习”。具体来说，就是在学校教育中，以教师的因材施教之“教”来适应，启发，调动不同学生、不同路径的“学”，而非不分学习层次和学习类型强行灌输相同的知识。一百多年来，美国不断涌现出斯金纳的程序教学、布鲁姆的掌握学习、罗杰斯的非指导性教学以及个别指导教学、个别规划教学等诸多创新性的模式，指导着美国的教育实践一步步从大一统走向个性化。随着时代的发展和新形势的出现，向来秉持生本理念、提倡个性化教育的美国正陷入发展的瓶颈，尤其是在基础教育框架内，个性化教学、规模化教学两者很难兼而得之。于是，对于那些即将升入高中学段学校教育的学生家长而言，非此即彼的两难选择总是困扰在心头：要么选择那些开展个性化教学的学校，学生就能够继续像以往在幼儿园或小学一样，在做中玩、玩中学，但此类学校通常是为数不多的私立学校且会收取高昂的学费；要么选择那些开展规模化教学的学校，这样自己能够负担得起相对低廉的学费，而此类学校通常是为数众多的公立学校，它们通常的做法是把不同学习需要、不同智能结构的学生安排到同一间教室，并用标准化考试的成绩来评价教师的教学质量和学生的学习成果。这往往会导致学生出现厌学情绪，也不利于他们潜能的充分发挥。正是意识到这一点，马克斯·温蒂拉创办了AltSchool，旨在为美国的学前儿童及中小学学生提供更加注重个性化、全人化的学习体验，并努力使这种“微型学校”成体系、规模化。

### (二)实施方案

1.“互联网+个性化教学”

“(美国学生)一旦到了小学，家长只有两种选择，非此即彼。”马克斯·温蒂拉指的这两种选择，一种是坚持“以儿童为中心”理念的私立学校，让学生继续在玩耍中学习，但这类学校数量很少，并且学费昂贵；第二种是公立学校的大班教学，并用标准化的考试分数衡量，而AltSchool的教育理念就是“两者兼得”。马克斯·温蒂拉把他的教学模式称为“以学生为中心、以课程为主导”。AltSchool 的教学方式是个性化小班教学，教师与学生、家长“合作策划”课程，并且和学生一同学习。2013 年创办之初，AltSchool 仅仅由来自 5 个家庭的 20 多名 5～10 岁的学生组成。每个 AltSchool 学校仅有 3～4 个班，每班不超过 25 人，至少配备两名教师，并严格确保教师的职业素养。AltSchool 不按传统的年级分班，跳出了传统教育方式容易陷入的同质化教学。并且同一个班内不同学生上的课程也不相同。比如，一个擅长数学的三年级学生可能上着五年级的数学课，而他的阅读课则与班级中的其他学生同步。AltSchool 为学生提供大量的可选择的选修课，包括科技、文学、动手，甚至是简单的编程课，学生可以根据自己的兴趣来选择每天早上第一节课和下午最后一节课上什么。每个班的人数非常少，教师完全可以关注到每个学生的兴趣。AltSchool 也会参考学生家长的需求让学生修读一些课程，如学习中文和西班牙等第二语言，但反对家长让 5 岁的学生学习 10 岁的知识的做法。除了教师和学生，AltSchool 还有网络工程师，工程师负责反馈和整理教师和学生的体验，提供个性化学习背后的平台和工具支持。

2. 任务项(Playlist)和任务卡(Card)

在 AltSchool 的教学平台上，教师可以把每一节课做成一张任务卡片，通过发卡的形式向学生描述教学活动、布置作业等。在平台上，每科教师还可以对自己的学生进行管理。这个卡片平台上最重要的两个产品是任务项和任务卡。

首先是任务项。学生可以看到自己的独立任务项和不同教师给他的任务项。教师在给学生做任务项之前会进行交流，这个交流有可能是线下的，也有可能是在线的。新科目的教师获取到上一节课的材料，并有针对性地调整课程设计。教师将当日学习任务发送到学生的任务清单，学生用平板电脑或网络笔记本查看任务，完成任务后提交文档或照片，以便教师追踪并评估学生的学习，教师还可以通过课堂布置工具来观察全班学生的整体学习进度等。

任务项的内容并不是随意拟订的，而是基于教学过程全程技术跟踪的。因而在这个教学平台上，不仅仅是教师和学生之间的交流，教师和教师的沟通和协作也变得很便捷。教师可以进行资源共享、分享，这为交叉教学提供了更多实现的可能性。教师通过平台系统为每个学生制订学习计划，并可以第一时间在线收到学生完成情况的反馈。通过任务卡工具记录下的每个学生的数据，教师除了能了解教学进度外，也能直接查看学生个人长时间内发展的整体情况。另外，家长也可以通过平台直接与教师在线沟通。

其次是任务卡。每个学生以项目为基础进行探索学习，项目中的同伴和教师给学习者不同的任务卡，任务卡与美国现行评估标准进行自动关联。因此，学生完成任务卡上所提示的任务后，对学生表现的评价要与现行教育体制下的教学目标相挂钩，并且与教育目标保持一致。

工程师制作了教学电子平台 My AltSchool，每周教师都会和学生聊天，通过了解他们的兴趣和强弱项，在学生个人的 My AltSchool 帐户中制订下一周的学习计划，即 25 个新任务卡。学生用平板电脑查看任务，完成任务后在线提交文档或照片。根据在线了解学生的完成情况，教师可以一对一进行辅导并在下次制订任务卡时对学生个人的薄弱项加以强调。当然，如果这个学生在某一学科上学习速度很快，也可以跟着高年级的同学一起学习这门强项学科，但是其他学科仍旧跟同龄人一起上课。学校没有传统意义上的分班，只是在教学过程中把进度相同、兴趣相同的学生聚集在一起上课。

**3. 课堂导师(roomteacher)和流动“艺术家”**

在 AltSchool 的班级中，除了科目教师在多个校区之间流动教学外，还配有两个课堂导师。课堂导师的作用不是教学，而是指导。学生按照自己的兴趣主动学习(每个学生进度和内容不同)，课堂导师要不断地同学生沟通、交流，主动地观察学生和被动地答复学生并行。同时课堂导师也负责组织教学活动，针对共同的问题和公共的主题发起讨论。

**(三)实施效果**

AltSchool 是一个真正意义上的，以儿童为中心、以项目为基础而实现个性化教学的机构。它的高效的实施方式和反馈机制，让很多其他形态无法实现的教学方式成为可能。AltSchool 作为一所深入教育前线的技术推动的学校，力求用最少人力办最多的事，用机器取代部分教务工作，最大限度地发挥教师的主导和掌控作用，帮助学生获得更自由的成长空间。

但是 AltSchool 的教学成效也受到了一定质疑，最重要的理由是将教师转型为“向导”增进学习效果尚缺乏证据。有人在研究了 800 多项综合分析和 5 万多项小型研究后发现，“教师的可信度”“直接授课”和“上课质量”才是影响教学效果的关键因素，而非 AltSchool 所提倡的“个性化教学”“教学相长”和“计算机辅助教学”。因而，AltSchool 的未来发展尚需教学实践的检验。AltSchool 也并不是完美无缺的。它们的经营模式是小班教学，而传统的学校则需要更多考虑大班教学。而从教学理念执行来看，作为一所年轻的学校，AltSchool 有着道尔顿制的目标，依然走在蒙台梭利的路上，教育的探索需要时间。此外，从教育资源的获取能力来看，AltSchool 主要通过教师的自有人脉，缺乏更丰富的、更有说服力的教育资源库，混合教学只是一个趋势而尚未成熟。

## 四、案例特点与创新

### (一)案例特点

#### 1. 个性化的学生档案

AltSchool 每个班一般不超过 25 人，至少配有两名教师，包括课堂导师和科目教师。在 AltSchool 正式开学之初，教师首先会主动联系每位学生，通过谈话详细了解他们的个性特点、兴趣爱好、思维方式、学习需求、学习策略、知识储备、学习强项和弱项。接着，教师将谈话的内容分门别类地填写在每位学生的档案(Learner Portrait)中；教师依据这些持续更新的个性化学生档案，利用 AltSchool 自行研发的软件工具，为每位学生制订全年的学习目标，并与学生及家长共同将学习目标细化为学习任务表。在学习任务表上，列着每周需要独立完成或团队合作完成的短期或长期任务，其中有的是把数学、科学、阅读、历史、健康或跨学科的知识训练作为优先项目，有的则强调社会交往、时间管理、逻辑推理或艺术创造等方面技能的培养。此外，教师还会帮助学生订立个性化的学习计划(Personalized Learning Plan)，督促他们在今后的学习过程中逐步达成每一项目的学习目标。

普通学校的学生档案尽管具有个性化的特点，但主要收集的是学生的基本信息及其在经历某个特定学段之后的活动记录、作业、作品甚至成绩单，反映学生在此过程中的努力、进步或成就，通常用于评价其学习状况和学业水平，并最终作为他们升入高年级、达到合格毕业水平、申请大学的主要依据。而 AltSchool 的学生档案的个性化则向精细化方向更迈进了一步。收集的不仅是学生的基本信息，还有他们的个性特点、兴趣爱好、思维方式，更包括其在开始某个特定学段之前的学习需求、学习策略、知识储备乃至在此后学习过程中的活动记录、作业、作品，通常用于帮助其制订个性化的学习目标和学习计划，从真正意义上充分体现了“以学生为本”的理念。

2. 个性化的学习模块

AltSchool 招生的对象是学前班到八年级的学生，而且要求每个校区所设的班级一般不超过 4 个。总体而言，AltSchool 的校区面积都不大，教室也不多。因此，不同年级、不同年龄的学生会被分配在同一间教室上课，只不过，他们会依照各自的学习任务表，分别完成不同的学习任务。为了便于教师进行具有针对性、可操作性的教学指导，AltSchool 的信息技术工程师团队利用采集到的数据和分析软件，为每位学生量身定制了个性化的学习内容，并将这些内容分解成若干微型学习模块，以形成诸多不同主题的数据库。

此类数据库既包括自行研发的个性化学习资源，也参考了一系列美国现行教育标准或教育机构的建议，如美国《共同核心州立标准》《下一代科学标准》以及促进社会情绪能力学习合作组织(CASEL)在社会情绪能力学习方面的建议等。个性化学习模块是 AltSchool 的核心亮点，在很大程度上体现了学校教学活动的因材施教、因人而异。一方面，学生利用个性化的学习模块进行个性化的练习；另一方面，教师通过统计分析软件来指导学生的学习活动，及时进行定性或定量的教学评价。

3. 联手的学业指导

对于 AltSchool 的教师而言，个性化学生档案的建立、个性化学习模块的设置为他们课堂的学业指导提供了必要的前提条件与知识保障。针对每位学生的实际情况，教师不仅要及时提供不同的教育资源和个性化的学业指导，还要对他们提出不同程度的要求。AltSchool 中一名叫弗朗克的教师介绍称，即使面对的是几名都在进行阅读训练的学生，所用到的指导方法和技巧也不相同。她说：“我的班级有名学生的阅读水平已经很高了，远远超出了其他学生，于是我会要求她将阅读文本改编成一个剧本。”

由于学生每天的学习任务和内容都不同，所以教师每天给予的指导与反馈也有所不同。为了有利于教学细节的观察和客观准确的课堂评估，AltSchool 教室的墙壁和天花板都安装了特制的摄像头和麦克风，记录着学生每天在最自然状态下的课堂生活。教师凭借这些记录，重新回顾课堂的教学情况，以便事后评估并给予学生更多的学业分析和任务调整。除了教师对学生的学业指导外，还有不同年级学生之间的相互辅导、家长对学生学习的督导。为了实现课内外的有机整合以及彰显家校联合的教育合力，AltSchool将最新开发的智能手机应用程序加速平行处理(Accelerated Parallel Processing)和课堂实录视频软件(AltVideo)发送给家长，使他们既能够随时在电脑和手机上查看学生在学校的个性化学习活动、成绩评估(并非分数或成绩单)，又能够及时参与和教师一起给学生制订每周学习任务表的工作中。

4. 完备的技术开发团队

AltSchool有自己的数字平台，也有自己的信息技术工程师团队。信息技术工程师把当下最热门的信息技术产品运用到课堂教学中，提供学习任务表、课堂实录视频软件、在线活动卡片等一系列有利于个性化教学的技术平台和软件工具。以信息技术工程师团队研发的学习任务表为例，教师通过亲自动手或以 My AltSchool 的资源库为参考，设计学生每周的个性化活动项目，整理后分别发送到每位学生的学习任务表中；紧接着学生用平板电脑或网络笔记本登录到 My AltSchool 的个人页面，打开学习任务表，就能看到教师为自己准备的10～25项活动任务的列表。每天在进行学习活动之前，学生都能和教师进行面对面或在线的沟通交流；在完成任务后，可以在个人页面中提交文档或照片，以便教师及时追踪、管理并评估学习进程，及时调整课程安排。教师还可以通过“课堂布置”工具实时观察全班学生的整体学习动态。

5. 以多元需求为中心

AltSchool自创办之日起，就以创新作为自身发展的内在动力，不拘泥于传统学校的教学设计、教学安排、课程设计、考核方式。AltSchool结合了杜威的“做中学”思想和陶行知的“学中做”思想，不仅注重学生理论素养的培养，同时也注重学生实践素养的培养。以历史课为例，在AltSchool中历史课不是课堂和教材，而是以博物馆为载体，让学生在博物馆亲身感受历史的发展和变迁，从具有历史感的文物中认识曾经产生过的人类文明。从知识观上讲，AltSchool坚持的是一种建构主义知识观，即认为学生自身知识的获取是学生主观建构的结果，但这种主观建构不是随意的、毫无逻辑和根据的，而是以客观事实为依据的。

### (二)案例创新点

面对同样的测评目标，学生并没有表现出太多差异，因为 AltSchool 本身使用的也是现有美国州立的标准。略有不同的是，在教学的过程中，AltSchool 把原有的教学点打散，把实现教学目标的过程变得更有趣味且更有人性。但目前来看，对零散教学点的有效控制，传统教学方式很难实现。而 AltSchool 通过技术手段，不仅对知识点进行了有效的控制，还可以对分支机构、教学资源进行统一的高效管理。AltSchool 可以说是可汗学院的技术手段和个性化的教育理念的结合体，只不过不是简单的叠加，而是把所有的要素全部颗粒化，以学生为中心，以基于项目的学习为方法，以互联网技术为工具，重新建构教育。

通过工具的使用，无论学生处于何种状态，都可以定制一个最适合学生的课程计划。这就更容易实现个性化的教学，不必对学生的年龄和能力有特别强的控制。这就很好地解释了 AltSchool 的混龄教学是如何实现的。AltSchool 不是为了混龄，而是要改变教学模式，让学生能按照自己的进度进行学习，所以年龄本身就不是关键了。而这是传统的以“教”为中心、严格控制教学进度统一性的课堂无法实现的。因为缩短了原有的反馈信息收集的时间，提升了数据积累的量级，所以能更快输出学生的需求样本，成为 AltSchool 的模型基础。AltSchool 通过各种手段收集每个学生的原始数据。比如，网站的登录报名需要提交学生的原始数据，在 AltSchool 的大教室内装了很多摄像头，以便能够在最自然的状态下对学生进行观察、评估，形成原始数据，并根据数据设计出最初的教育方案。然后，基于学生的学习过程形成的反馈数据对教育方案进行调整、优化，实现个性化的教学过程。

在教学方式上，AltSchool 也相当灵活。比如，教师会带领高年级的学生去和其他校区的低龄同学一起完成某个课程。在这个过程中，低年级的学生不仅会从教师那里学习知识，还会从学长那里学到他要学习的知识。AltSchool 通过建立高效平台和对教育的深入理解，可以完成其他依靠单个工具或课程的机构所不能完成的教育梦想，把优质的教育理念和教育方法用更低廉的价格和更高效的方式来普及社会。而此前的模型都不完备，比如，可汗学院提供了不同的教学形式，一定程度上提高了效率，但是对教育缺乏全局理解，只是局限于解决问题；而反观高宽课程的理念，理念好但缺乏高效的普及方式，而 AltSchool 恰恰是在两个不同的方向上努力的。

AltSchool 并没有创造新的教学方法、课件和教育理念，而是建造了一个被称为 AltSchool 的巨大机器，把各种优秀的教育理念汇聚起来，在机器上传送、筛选、加工，并通过对这些理念和教学方法的加工来对机器的运作进行再调试，直到打磨成一个独立运作、有效输出的“学校”机器。通过低成本复制，进入原有的教育系统，推动真实有效的教育革命。对于 AltSchool 而言，最重要的是办学的核心理念，不是用某种工具或平台去颠覆现有的教学模式，而是要把技术渗透进教育的每个可以改变的环节，建立一个全新的教育生态系统。通过这一套教育生态系统，AltSchool 能够更有效地弥补现有学校教育个性化不足的缺陷。

## 五、案例经验与启示

AltSchool 基于现有理念和内容，建立以大数据分析为手段的“快速自我修复”的教育生态系统。以我国教育为例，从出版教材，投放市场到学生使用，再到收集学生反馈，这个周期非常长，是以年甚至数十年来计算的。但是 AltSchool 要通过数据库内的学生动态数据进行调整，这个时间可以缩短为以周计算，甚至是以小时计算。并且高效的反馈不仅仅来自学生层面。

AltSchool 的技术平台不仅以学生为中心，更重要的是以教师的体验和效率提升为中心。最初 AltSchool 的定义是工程师办学，吸引注意力的是科技层面的革新。随着进一步深入了解，会发现虽然工具(即软件)实现了高效，但是它的教育革命远不止工具这么简单。目前，对于中国的学校而言，引进 AltSchool 或合作办学还不太可能。但是 AltSchool 还是给私立院校、教育机构带来很多有价值的信息。比如，技术平台能够有效降低过去在个性化教学实施上所消耗的大量成本；在管理连锁型教育机构的时候，解决长期以来存在的品质难以统一的问题；微学校的探索等。

# 第四节　北卡罗来纳大学夏洛特分校数字校园

## 一、基本信息

表 3-4 概括了本案例的基本信息。

表 3-4　案例基本信息

| | |
|---|---|
| 案例名称 | 北卡罗来纳大学夏洛特分校数字校园(UNC Charlotte) |
| 实施地区 | 北卡罗来纳大学 |
| 实施时间 | 2004 年 |
| 主要实施者 | 北卡罗来纳大学 |
| 实施对象 | 北卡罗来纳大学学生 |
| 相关网址 | www. teaching. uncc. edu |

## 二、案例概述

北卡罗来纳大学夏洛特分校(UNC Charlotte)通过设计课堂实践活动，增加学生的参与度，建立以学生为本的主动学习环境。学校拥有两间配有先进设备的教室，旨在促进学生自主积极学习，较大的教室可容纳 126 名学生，较小的教室可容纳 36 名学生。每个教室都有监视器、投影、笔记本电脑、白板和智能讲台。任教教师可以查看学生笔记本电脑上的内容，并链接到所有房间内的监视器，如图 3-11 所示。该项目由教务处资助，办公室提供技术支持，教学和学习中心提供教学设计。

图 3-11　数字教室

在北卡罗来纳大学夏洛特分校数字校园试点阶段，选取不同的班级使用数字教室进行学习，所选学科包括会计、建筑、计算机科学、教育、地质学、物理学和社会学。学校成立专门的研究小组来探究如何设计教师和学生进行互动的空间，以进行未来的教室的蓝图规划。北卡罗来纳大学夏洛特分校的教师需要通过参加学院社区的技术和教学设计培训，并在学期的开始进行定期会议，进行面对面和虚拟现实的培训。

## 三、案例实施与推进

### (一)实施背景

北卡罗来纳大学夏洛特分校成立于 1946 年，是一所位于美国北卡罗来纳州夏洛特市的公立大学。它是北卡罗来纳大学系统 16 所分校中的第 4 大分校，也是整个夏洛特市最大的大学和最大的科研机构。学校环境优美，科研和教学设备先进，设施齐全，科研教学和师资力量雄厚，是一所有着浓厚文化气息和良好学习氛围的现代化综合性大学。2004 年，美国国家科学基金会(National Science Foundation，NSF)宣布拨款一亿美元创建跨学科的“学习科学中心”(Sciences of Learning Centers，SLC)，让科学家与教育工作者紧密合作，把有关学习科学的最新研究成果引入课堂教学与学习中。

该中心承担着提高教学和促进学习的使命，主要包括：提供职业发展机会确保积极的学习环境；利用教师的经验和智慧促进优秀教学；鼓励对教学的创新研究和学术出版；识别、开发和维持企业级教学技术系统；与校园合作三方评估支持教学和学习的需要程序、工具和服务；支持教学政策、措施和跨院文化的发展。该中心的目标是转变学生作为教师和研究生助教的角色，为他们提供专业发展和经验学习的机会。例如，定期安排互动工作坊，向师生提供在线和自学教材，倡导个人、团体协商等。开办暑期学院(5 月)，为新教师设立暑期周、教学周，以及五分钟研讨会。招聘具有高校教学基础知识的助教，帮助学生学习并创立学习社区以及时搜集意见。

## (二)实施过程

Canvas是北卡罗来纳大学夏洛特分校的学习管理系统，它可以帮助教师迅速开展信息化教学准备工作，教师在课程教学开始之前查看相关的Canvas信息收集教育资源。教师还可以用Canvas进行屏幕录制和视频编辑，在屏幕上捕捉信息创建示范教程和许多其他用途的视频。系统能够帮助教师建立面对面、混合和在线的课程，创建数字化学习对象。包括微型讲座、视频教程、在线课程介绍和概述、其他课程相关视频。如果有需要，还可以录制配音。北卡罗来纳大学夏洛特分校采用由单一的供应商利用响应卡(或答题器)技术制作的表决器，如图3-12所示。表决器能够捕捉全班同学进行互动时的实时评估数据，自动简化管理任务，如考勤、分级测验、考试，并跟踪学生和班级的表现，利用答题收集的数据轻松地集成成绩簿。在培训过程中，指导者在课堂中使用答题器和USB接收器获得帮助，学习者可以下载相应的软件获得支持。

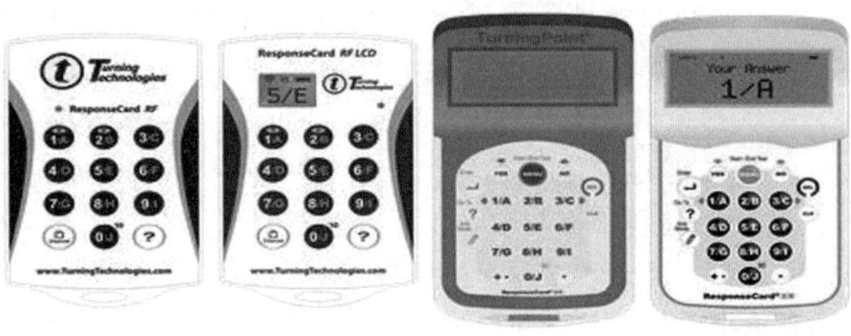


**图3-12　表决器**

Mahara是新西兰开发的电子档案系统，其命名本意为“去思考”，旨在鼓励教师和学生存储、组织和显示各种数据，利用数据整合教育教学资源，提高教育教学和管理的效率。档案内容包括Word文档、图片、视频、杂志、论坛帖子、作业、简历、联系方式等。学校使用的网络会议程序被称为萨巴会议系统，它可以让人们在虚拟的网络会议环境中互动。学习者可以在任何地方通过一台电脑连接并使用多路音视频，通过应用程序共享内容。萨巴系统会自动记录所有会议内容，无法参加现场会议的学习者可以通过视频回放了解会议信息。

## 四、案例特点与创新

### (一)案例特点

技术促使个体学习更加个性化。通信技术与移动设备打开了学习者自我选择学习的大门，为学习者提供了异地互动的平台。技术的发展促使纸质文本成为一种最基本的形式，声像、图片、动画、影视等各种呈现方式从多维角度来诠释知识，促使材料更加灵活，知识学习更易处理，知识理解与建构更容易实现。教与学传播过程的数字化促使学习者的思维及其结构的建立过程更易数字化，知识结构本身就是呈现网状脉络的。在传统教与学的过程中，学生要在充分掌握知识点的基础上，通过自己的空间思维、抽象思维和发散思维等来努力建构知识网状图。如今的技术化课堂扮演着脚手架的角色，促使知识在传播的过程中可以以网格状来呈现，提升全体学习者的知识建构领悟能力。

学校在教学和学习交流中鼓励学生实践，提供尽可能全面的学术资源，从专业杂志、网上资源、与教师和教学人员的沟通中，共享教学信息和教育资源。设立“专业开发库”维护和更新文本。与教师、职员和同行合作，评估教学应用、成本和效益。确保所有平台提供稳定可靠的用户体验，为教师和助教群体提供定期的技术培训，设置系统访问策略，帮助教师选择在线课程评价体系。确定第三方支持的程序、工具和服务，与院系合作伙伴制订专门的计划和资源，收集和分析数据，进行方案的规划和评估。设置教师咨询小组，并与大专院校等单位内的分布式信息技术人员合作创建学习活动。

### (二)案例创新点

1. 创设数字化学习环境，充分调动学生的积极性

学习技术为学习者创造了一个数字化的学习和生存环境，以学习者为中心，以学习者的能力培养和个性发展为主要目标，北卡罗来纳大学夏洛特分校的教育系统为学习者提供了一个生态学习环境。将信息技术与教学深度融合，强调以人为本和以学生的发展为本，改变过去课堂上教师“满堂灌”和“以教师为中心”的教学方式，突出学生主体地位，让学生主动地参与课堂教学。运用丰富的数字教学资源与新型信息技术手段开展自主探究、合作交流学习，建立以学生为中心的教学新模式，让学

生从被动学习变为主动学习，从“要我学”变为“我要学”，充分调动学生学习的积极主动性，挖掘学生潜力，启发学生思考，增强学生发现问题、解决问题的意识和能力。

2. 在学校政策支持下，开设高质量的课程，学习形式灵活多样

学习技术已经改变了传统学校的管理和教学模式，学校、教室仅是一个学习单元，这个单元仅仅是学习网格中的一个小小结点，它既接受着信息，也同时向外传递着信息，而这个学习网格还是符合系统科学的生态环境观点的。人们的学习由以前的固定教室学习，变成了同步、异步同时进行，合作、协作交叉的网格型整合学习，符合学习者的学习规律。

3. 营造和谐融洽、协作互动的课堂气氛

课堂气氛是指课堂中呈现出来的心理状态，能综合反映师生在教学活动中的情感体验与行为态度。气氛的和谐融洽与否直接影响课堂教学过程与教学效果的好坏。北卡罗来纳大学夏洛特分校数字校园的课程以和谐融洽、协作互动的课堂气氛为依托，为学生营造一个愉悦自然、民主和谐、高效互动的学习环境，让学生更好地开展探究性学习、协作学习。在和谐融洽、协作互动的课堂气氛中，教师精神饱满，教学目标明确，教学方式张弛有度；学生学习态度积极，课堂互动深入、活动参与度高，表现出较强的求知欲和较高的专注性，课堂收放自如；师生之间、生生之间的互动积极活跃。教师的主导角色与学生的主体地位得以和谐统一，教学效果得到了有效提高。

## 五、案例经验与启示

学习科学的发展对增加教育研究的科学性有着十分重要的意义。学习技术的国际进展给予我国的教育研究巨大的发展空间，跨学科的合作已经势不可当，跨区域的研究也已迫在眉睫。我国很多综合性大学已经纷纷建立了相关合作研究机构，加入教育研究的队伍中来。同时，我国的国情和我国教育研究的形势，也给我们教育研究者自身的知识储备和研究习惯造成了巨大挑战。每一个有责任感的教育研究者都需要突破传统教育学知识体系的窠臼，跨学科地学习相关知识，都需要超越传统的教育研究方法，在走进课堂的同时，也要走进实验室，逐步建立一套符

合科学标准的研究方法。

教育技术的快速发展与应用，促使学习日益呈现出数字化、个性化、社交化、碎片化、泛在化等特征，尤其是近年来慕课、微课、翻转课堂等技术驱动的变革性学习理念和教学模式的广泛实践，正深刻冲击并改变着传统的学习理念、学习模式、学习手段、学习方法和学习内容。同时，传统的学校日益成为探索和发明的孵化器，以及教师和学生相互合作、共同学习并不断更新自身知识和技能的开放空间。要充分实现教育技术在我国教育体系中的效益并提供真实的学习经验，教师必须在实践中有效地运用技术。此外，全社会利益相关者也应共同努力，致力于开发体现技术力量、学习科学设计原则和理念的学习资源，创造体现开放和公平的学习生态，让随时随地的学习成为可能；整合正式学习和非正式学习、混合学习和远程学习，提升学习绩效；发展适合数字化时代学习者的学习资源和学习绩效评估标准，以学习资源的开放性和学习体验的公平性为标准，帮助教师选择并评价学习资源，从而实现技术赋能的学习在最大程度上促进学习绩效改善的目的。

## 第五节　美国史密森尼博物馆跨空间探究学习

### 一、基本信息

表 3-5 概括了本案例的基本信息。

**表 3-5　案例基本信息**

| 案例名称 | 美国史密森尼博物馆跨空间探究学习 |
|---|---|
| 实施地区 | 美国史密森尼博物馆 |
| 实施时间 | 2005 年 |
| 主要实施者 | 美国史密森尼博物馆 |
| 实施对象 | 美国学生 |
| 相关网址 | www. historyexplorer. si. edu |

## 二、案例概述

博物馆是通过实物、各种制品和标本对公众进行教育，增进和传播人类知识的场所，同时也是研究科学、历史和艺术的场所，更是服务于大众的中心。美国的各种各样的博物馆很多，但统属于一个名叫史密森尼的机构，这是美国的一个独立信托组织，是英国科学家詹姆斯·史密森(James Smithson)为美国捐赠专款在1846年建立的。史密森尼包含14所博物馆或国家动物园，这是世界上最大的博物馆的总汇，有1亿多种制品和标本。实际上，它也是一个重要的研究中心。史密森尼有9所博物馆设在华盛顿纪念碑与国会大厦之间的国家广场上。1987年9月28日开放的两所博物馆设在一座三层地下建筑内，另有四所博物馆和动物园分散在华盛顿市内，彼此相距都不远，参观非常方便，只有库伯-赫维特博物馆设在纽约市内。此外，它还有由个别理事会管理的三个单位：国家美术馆、伍德罗·威尔逊(Woodrow Wilson)国际学者中心和肯尼迪(John F. Kennedy)表演艺术中心。

这些博物馆不仅有陈列品展览，而且还有“活的展览”。每年夏季举办为期10天的美国民俗节，邀请音乐家和文艺人才在国家广场上表演传统技艺。博物馆内音乐会、讲演、电影、录像等终年不断。史密森尼作为一个全国性的机构，负责组织普及人民文化教育的节目。史密森尼所属的博物馆除了12月25日圣诞节或特别声明之外，全年开放，而且入场免费。

史密森尼不仅是参观者所能见到的固定陈列馆和特殊展出，而且是全世界科学和人文科学的先进研究中心。除各博物馆的基本研究外，它还主持以下各种活动，如美国艺术史的研究，奇异和受危害的各种动物保护的研究、海洋科学研究、天体物理研究及多端望远镜观象台的现场研究，环境及河口与分水岭系统的物理、化学和生物相互作用的研究，以及热带有机体的动态、生态及演化的研究。

## 三、案例实施与推进

### (一)实施背景

1880年美国学者詹金斯(Jenkins)在其《博物馆之功能》一书中明确

指出，博物馆应成为普通人的教育场所。1906年美国博物馆协会成立时就宣言“博物馆应成为民众的大学”。1990年，美国博物馆协会在解释博物馆的定义时，将“教育”与“为公众服务”并列视为博物馆的核心要素。美国博物馆协会的总经理和首席执行官小爱德华·埃博(Edward H. Able. Jr.)认为：“博物馆第一重要的是教育，事实上教育已经成为博物馆服务的基石”。欧洲的近代博物馆是保留这一传统的产物，美国博物馆最初是仿效欧洲博物馆建立起来的，但很快便形成了自己的特色并创造了诸多“世界之最”。例如，布鲁克林儿童博物馆是世界上第一所专门面向儿童的博物馆，宾夕法尼亚博物馆是世界上最早开办博物馆培训课程的博物馆，波士顿美术博物馆是世界上第一所设有讲解员的博物馆，伊利诺伊大学的克兰勒特艺术馆是全世界第一所在国际互联网上建立网站的博物馆。

不难发现，美国博物馆的这些“世界之最”都与教育有关。号称“世界最大的博物馆系统”的史密森尼博物馆群在国际互联网上统一以“edu”为后缀。美国每家博物馆都有“建馆宗旨”，大都会艺术博物馆的宗旨是收藏、保存、研究、展示共同代表人类最广泛及最高水平成就的艺术品，鼓励人们鉴赏艺术品和提高人们对艺术品的认识水平，并在各方面以最高的专业标准服务于公众。拥有十几家博物馆的史密森尼的宗旨是增加和传播知识。美国许多博物馆在建馆之初都附设一所艺术学院，后来大多数学校独立或关闭，只有波士顿艺术博物馆、芝加哥艺术学院等还保留着最初的馆—院一体模式，明尼阿波利斯艺术学院则还保留着当初的名称。可见，重视教育功能是美国博物馆的一大特点。

**(二)实施过程**

1968年，美国史密森尼艺术博物馆首次向公众开放，史密森尼翻新旧的办公大楼以显示其艺术的集合。美国史密森尼艺术博物馆曾经有很多名字——史密森尼艺术收藏、国家美术馆的艺术、民族美术的集合和美国艺术博物馆，该博物馆于2000年10月通过其现有名称。

华盛顿特区的哈特曼—考克斯建筑公司保留了许多旧建筑的特色，如门廊、弯曲的双楼梯、柱廊、拱形画廊、大窗户和天窗。史密森尼艺术博物馆翻修的资金是由唐纳德·雷诺兹(Reynolds. D.)基金会、卢斯家庭和其他关注艺术的顾客捐赠的，约合117亿美元。历时六年半的装修，大约耗资283亿美元。2007年11月18日，中央庭院有一个新的弯曲的玻璃天幕，由福斯特建筑事务所的英国建筑师诺曼·福斯特(Norman Foster)爵士设计。美国史密森尼艺术博物馆与国家肖像画廊的历史建筑以及另一个史密森尼博物馆互相影响。但是两家博物馆的名字没有改变，它们被统称为唐纳德·雷诺兹中心的美国艺术写照。

以林肯三维(3D)数据的可用性带来的历史研究为例。亚伯拉罕·林肯(Abraham Lincoln)通常被描绘成一位面容憔悴、胡子拉碴的男人。此图像伴随而来的故事对于美国人而言，就像任何儿童对寓言一样熟悉。他出生在一个小木屋并成为美国第 16 任总统，解放了奴隶，挽救了联盟，曾在福特剧院遇刺。然而，这个故事要求回答更多的问题。比如，这个帮助过他并通过他的领导和智慧来定义我们国家的未来的人是谁。

电子书帮助学生通过历史知识的学习参与讨论活动，以加深他们对知识的理解。基于一系列的问题，学生可以获得基于视频技术的相关知识。比如，亚伯拉罕·林肯应该如何被描写。学生要通过使用 3D 技术创建描绘自己的答案。在博物馆内学生可以了解 1865 年亚伯拉罕·林肯的生活，并深入了解他在南北战争期间的经历，学生可以观察到林肯在整个内战期间的一系列活动。通过 3D 技术，学生可以详尽地观察到他脸上的皱纹，这是林肯总统长年累月劳累的证据，如图 3-13 所示。在“我们的故事”模块，学生可以了解林肯先生的胡子，探究格雷斯·比德尔的故事和 1860 年《致加西亚的信》。该模块可以直接链接到实践活动，并探索一些相关推荐，培养学生独立思考的能力。

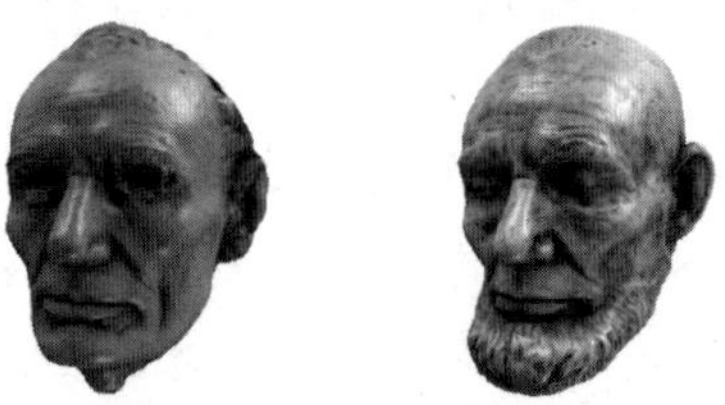

**图 3-13　林肯面具示意图**

此交互式文档可以使用葛底斯堡演说的五个已知手抄本之一。学生可以放大文档来了解著名演说的来龙去脉，也可以选择用英语或西班牙语理解美国历史上最著名的演讲。此资源包含在题为葛底斯堡演说的网上展览中，其技术展示如图 3-14 所示。

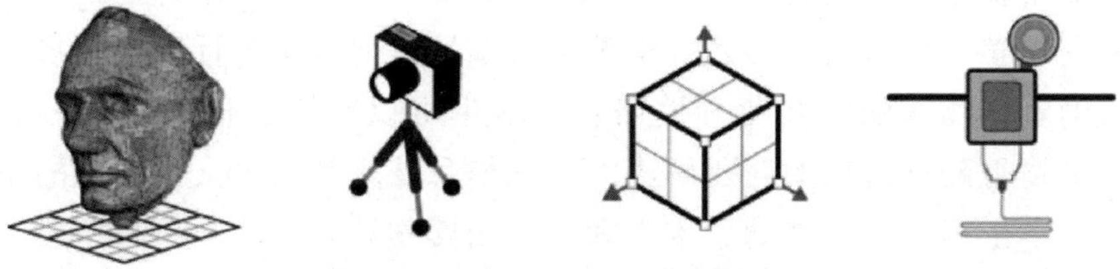


**图 3-14　3D 技术展示图**

### (三)实施效果

基于物件的探索式学习体验，史密森尼博物馆开发出两种学习资源——应用程序(APP)和电子书，采用 C3(学校、职业、居民生活)的架构来创建模式，并且以大量研究数据为依据，开展新奇的、探索式的学习体验，鼓励学生问大的问题，做有质量的调研，并且把他们学到的内容运用于解决问题。该架构包含四个维度：思考如何提问；应用学科工具以及概念；评估资源和利用数据；形成结论并做出合理的行动。

“引导式移动探究学习”不仅支持学生通过移动设备在课堂上开展内容探究，也支持学生在非正式学习情境(如博物馆、科技馆、生态园等)中开展探究学习。[①] 3D 技术的引入，能够帮助学生更加全面地认识事物，也能够使学生的科学探究能力得到提升。

## 四、案例特点与创新

### (一)案例特点

探究学习是指学生在学科领域或现实生活的情境中，通过发现问题、建立假设、调查研究、动手操作、搜集和处理信息、表达与交流的探究性活动，获得知识、情感、技能以及态度体验的一种更具有一般性的学习方式和学习过程。探究学习是一种课程形态，也是一种主动应用相关知识解决实际问题的学习方式，它倡导学生的自主、合作与探究的学习，促进学习方式的改变，这是基础教育课程改革的核心内容。

① 黄荣怀等．十大信息技术支持的创新教学模式[N]．中国教育报，2015-06-30(12)．

史密森尼博物馆的探究式学习具有跨学科性质，利用博物馆资源整合博物馆学、信息技术和教育学等学科领域是博物馆设计理念的重要维度。随着博物馆的智能化和网络化，学生可以对资源信息进行综合分析，最终得到创造性的问题解决方案，信息技术和历史文化知识的整合能够为学生提供创造性的思维空间。美国博物馆教育和学校教育能实现有效的对接融合，除了馆校双方共同的努力外，还离不开政府部门、公益性基金会、志愿者、社区、新闻媒体、大专院校、科研机构、企业、其他教育机构等社会各界力量的共同参与、齐力推进。同时，由于博物馆注重家长的知情度和参与度，家庭也给予了充分的支持，从而营造了良好的教育氛围。通过构建完善的教育网络，美国已逐步形成了以博物馆为代表的社会教育与家庭教育、学校教育相互配合，互为补充，协调发展的格局。

美国的博物馆在建设“数字博物馆”之后，对于教育的重视更进了一步。史密森尼博物馆设有一个网站群。虚拟博物馆的便捷性、易达性与开放性，大大扩展了美国博物馆的教育范围，地域、时间等的局限开始消失。多数学者认为，“未来博物馆的发展趋势必须有交互的展示和教育活动，必须要实现全民教育的目标”。虚拟博物馆不但浏览自由、易交互，更可提供多元化的服务与设计，以满足传统博物馆所不能达成的地方。

**(二)案例创新点**

作为全球最大的博物馆，史密森尼博物馆的教育宗旨是吸引并激发不同的观众对艺术、历史、科学和文化的探索与认知。史密森尼下属的每座博物馆、研究中心、动物园几乎都设有教育部门。通过展览、活动以及在线资源，鼓励各年龄段的观众更好地理解所生活的自然世界，并为他们注入惊奇感和责任感。教育工作者运用各种媒介来吸引观众发问，激发他们的科学素养，并使他们对周边自然世界承担责任。在开发教育项目和活动时，博物馆所有的人，无论是否属于教育部门，都会参与其中。

在数字媒体的帮助下，在史密森尼的体验不再局限于一场千载难逢的华盛顿之旅，而是观众与藏品、专家之间无穷无尽的联系。通过指派任务，把学生带到博物馆之外，让他们有机会查看史密森尼的藏品，与专家交流，进行自己的探索，甚至接受个人训练。在所有这些体验中，学生有机会自主地进行观察，参与关于史密森尼的工作和专家工作的对话之中。史密森尼的学习和数字渠道中心认为开展这些项目合乎逻辑地延伸了博物馆馆内的学习，这也正是古德在100多年前所预见的。借助数字工具能够增多美国国内的观众，扩展获取史密森尼博物馆资源的渠道，并保持联系，不断深化这种体验。

这种数字化博物馆探究式学习与常规的课堂教学是有很大区别的。首先是系统化，因为这种数字博物馆是一个系统工程，它涉及历史、文物、计算机、博物馆、教育等多个学科领域，是提供信息服务的综合系统。其次是数字化，博物馆借助数字化的设备，并对需要呈现的信息进行数字化的处理，通过多媒体以及3D技术呈现生动的动画形象。最后是网络化，学生对于博物馆的探究式学习不再局限于实体博物馆中，可以通过网络浏览博物馆中的所有信息并且可以快速传播。

## 五、案例经验与启示

在大数据、云计算、移动互联网等新一代技术不断涌现，新的教学模式不断产生的今天，教育信息化不仅肩负着重塑传统教育的任务，同时也肩负着不断创新的使命。美国史密森尼博物馆所实行的探究式学习是一种以自主探究和小组合作探究为主要形式的教学理论与策略体系，它打破了传统的被动接受式学习方式的局限性。近几年来，我国新课程所提倡的自主、合作、探究学习，得到了广泛的认同和实施，这对于转变学生的学习方式起到了积极的促进作用，但是在实施过程中也出现了不容忽视的问题。

探究式学习方式特别强调问题在学习活动中的重要性。美国史密森尼博物馆一方面强调通过问题来进行学习，把问题看作学习的动力、起点和贯穿学习过程的主线；另一方面强调通过学习来生成问题，把学习过程看成是发现问题、提出问题、分析问题和解决问题的过程。同时，探究学习强调开放性，应该给学生创造一个宽松、和谐、民主的心理氛围，给学生一种心理安全感，而心理安全和自由正是学生主动发展的前提。

# 第六节　印度在线教育远程虚拟实验平台

## 一、基本信息

表 3-6 概括了本案例的基本信息。

**表 3-6　案例基本信息**

| 案例名称 | 印度在线教育远程虚拟实验平台 |
|---|---|
| 实施地区 | 印度 |
| 主要实施者 | 印度人力资源开发部 |
| 相关网址 | www. virtual-labs. ac. in |

## 二、案例概述

印度人力资源开发部创建了虚拟实验室，虚拟实验室拥有 205 个分实验室，可进行多种跨学科的实验，是世界上最大的进行教育交互的虚拟实验室。虚拟实验室的设计源于印度顶尖的技术机构，为来自不同学科专业的本科阶段、研究生阶段的学生以及研究工作者提供了远程访问实验室的方式，并且实验室的开放很好地解决了基础设施配备不足的问题，为偏远地区教师的远程培训提供了便利。

虚拟实验室为学生提供不同类型的实验，可以让学生在线操作，也可以通过方程模拟物理现象以产生一个特定的实验结果。虚拟实验室远程触发实验界面，为学生提供实验结果，甚至配有音频和视频。

## 三、案例实施与推进

### (一)实施背景

当今时代是一个以信息技术快速发展为特征的时代，计算机科学已经融入教育，并为社会提供了许多的探索机会。教育工作者面临的一个额外的挑战是基于科学探究性学习的整合教学，信息技术的使用已经渗透在探究式教学中，但是还没有建立和实施完整的课程计划，以促进科学、技术、工程、数学课程的方法技巧和能力的发展。虚拟实验室是一个重要的数字工具，许多欧洲的学校都配备了计算机、平板电脑和高速互联网连接，同时使用了大量的各种基于 Web 学习的应用程序，进行模拟和可视化学习。虚拟实验室是一种基于 Web 技术、VR 虚拟现实技术构建的开放式网络化的虚拟实验教学系统，是现有各种教学实验室的数字化和虚拟化。虚拟实验室由虚拟实验台、虚拟器材库和开放式实验室管理系统组成。虚拟实验室为开设各种虚拟实验课程提供了全新的教学环境。虚拟实验台与真实实验台类似，可供学生自己动手配置、调节和使用实验仪器设备。

虚拟和远程实验室是教育机构的一项新的探索，其目的是使学习者无论身在何处都能通过网络更加便利地使用实体科学实验室的设备和组件。虚拟实验室是一种网络应用程序，它可以模拟真实实验室的操作，使学生在使用真实的实体组件之前，在一个"安全"的环境中进行练习。通常，无论学生身在何处，都可以全天候访问虚拟实验室，并可反复进行同一实验。一些新兴的虚拟实验平台还包括填写实验结果报告的模板，使学生及教师可以更为便利地检验实验结果。远程实验室还提供了一个与现实实验室对接的虚拟接口。那些无法接触高精实验设备的机构，可以通过远程访问虚拟实验室的中央处理系统获得实验工具，从而开展在线实验和研究工作。用户可以通过网络摄像头，在计算机、手机等设备上远程操作并观看实验的运行情况。这使学生可以观察系统行为，并可根据需要随时随地访问专业的实验室器材。此外，远程实验室可以有效减缓教学机构的经济负担，学校不需要购买特定设备，就可远程使用一些有使用权的实验设备。

**(二)实施方案**

虚拟实验室包括 10 个不同学科的实验室，分别是电子与通信、计算机科学与工程、电气工程、机械工程、化学工程、生物技术与生物医学工程、土木工程、物理科学、化学科学和其他学科。其中 5 个特色实验室分别是计算机科学与工程——问题解决的实验室、生物技术与生物医学工程——生物医学信号与图像处理实验室、计算机科学与工程——数据结构的实验室、化学工程实验室、机械工程——工厂实验室。下面分别对5个特色实验室进行介绍。

1. 问题解决的实验室

实验中的互动实验将给学生一个学习的机会，使其更好地使用计算机编程这种工具来解决基本的先进的问题。问题解决的实验室提供10门课程，分别是数值表示、美丽的数字、更多关于数字、阶乘、字符串操作、递归、先进的算法、搜索和排序、置换、序列。问题解决的实验室主要由五部分组成，每个课程由八部分构成，以数值表示课程为例，其课程图如图3-15所示。

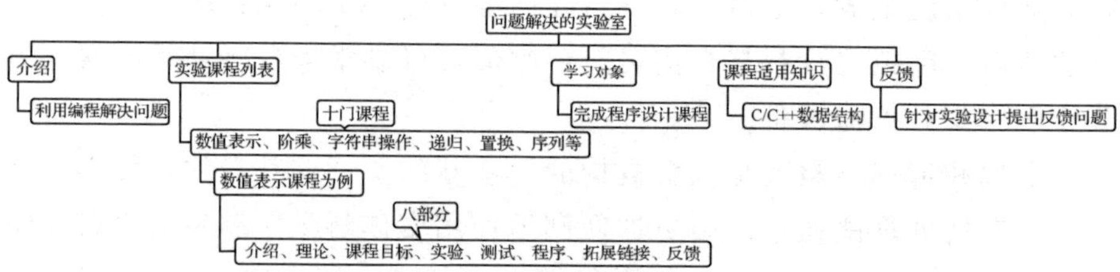


图 3-15 问题解决的实验室

在问题解决的实验室中，学习者根据在线平台给定的问题进行学习，进一步学习相关理论基础，在线平台引导学习者解决相关问题，并提供虚拟在线编译环境供学习者进行调试与运行。学习者在学习完课程后可以模拟在线测试，测试题为选择题，做完以后可以立即提交并查看成绩，如图3-16所示。根据成绩选择重做或查看答案，在实验最后提供相关拓展资源和反馈信息供学习者自主学习。

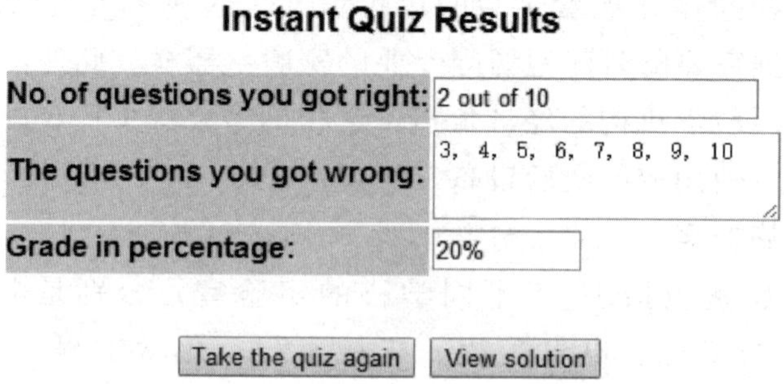


图 3-16 学生的成绩展示界面

2. 生物医学信号与图像处理实验室

生物医学信号和图像处理实验室是印度理工学院罗克分校开发的。在该实验室中，学生根据操作步骤下载相关软件进行实际操作，观察实验现象，从而更好地理解生物医学信号，以便将其应用于生物医疗图像处理技术中，该实验室为学习者提供了一个直观、形象的实验展示。

3. 数据结构的实验室

数据结构的实验室与问题解决的实验室有一定的相似之处，都是根据问题和理论了解学习内容，然后进行实际操作验证学习者的掌握情况。在数据结构实验室中了解各种数据结构的工作，理解各种数据结构的一些重要的应用，熟悉某些应用程序可以受益于数据结构的选择，了解数据结构的选择如何导致算法的有效实现。

4. 化学工程实验室

在化学工程实验室中，学习者可以进行虚拟实验，其构成如图 3-17 所示。以化学中常见的气液吸收实验为例，学习者先了解学习目标：当与氢氧化钠溶液接触时，二氧化碳的反应；比较填充柱(连续工艺)与气泡柱(半间歇法)的性能；观察不同流速对两柱的性能的影响。进行前测，学习者对学习内容的掌握程度有一个直观的认识，并学习气液吸收的相关理论，为实际的实验操作做好铺垫。在实验操作中，学习者自己选择所需添加试剂的量，并观察模拟产生的实验现象，反复调整参数值大小，直至实验成功。

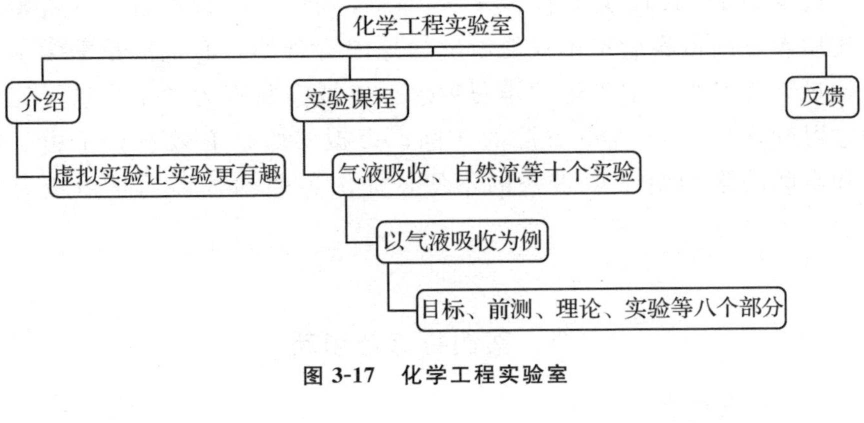


**图 3-17　化学工程实验室**

5. 工厂实验室

在工厂实验室中，学习者可以了解和现实生活相关的事物，使用三维加工、三维扫描、计算机控制、印刷电路板来制造更多先进的工具和技术。在工厂实验室，课程主要分为八部分：学习目标、前测、理论基础、模拟器、设计程序、音/视频、后测、反馈。其中模拟器可利用动画模拟实物效果，如图 3-18 所示。在实物制作部分，不仅有详细的操作说明，而且还有音视频呈现和实物动画展示。

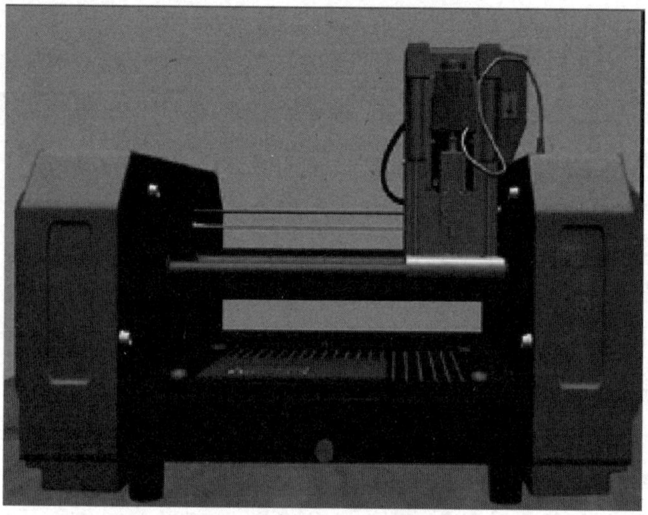

图 3-18 模拟工厂实验机器

### (三)实施效果

截至 2016 年 11 月，虚拟实验室已有五百多万参观者，一百多万个使用者。虚拟实验室不仅能激发学生的好奇心，而且能帮助学生学会通过远程实验了解先进的学习理念；虚拟实验室为学生提供了完整的学习管理系统和 Web 资源的访问；虚拟实验室有效解决了由于时间和空间的限制给学生带来的不便，提供免费远程访问学习资源的渠道。

## 四、案例特点与创新

### (一)案例特点

虚拟实验室使用虚拟仿真技术模拟动物实验的整个操作步骤，包括化学实验反应、3D模型以及计算机编程等。内容包括实验室常见仪器设备、手术器械、实验常用药品及实验动物，通过图文并茂的介绍起到辅助教学的效果。每个实验的操作仿真，充分应用多媒体丰富直观的表达形式，将仿真动画、实验录像以及操作说明有机结合起来，既表达整体，也表达细节，便于学生对实验操作的充分理解和掌握。实验结果的模拟，对于机体在各种不同实验条件下产生的各种波形进行实时仿真，对于一些学生平时较难完成的实验起到示范的作用；学生实验技能考核，通过内置的考试系统，对学生进行实验掌握情况的考核。

虚拟实验室在科学教学中是非常有用的，尤其是在案例中，可以让实验活动容易观察和安全测量。对于实验过程是非常缓慢或复杂的，虚拟实验室可以节约一定的时间，虚拟实验室可以降低学生在实验过程中的健康风险，有利于学习活动的建模。在虚拟实验室中鼓励教师和学生之间的合作和沟通。教师积极参与学习过程，包括提出问题，学生试图找到答案，组织程序，教师在学生的讨论中帮助学生总结结论，了解学生的错误，指出并给予解答。

通过虚拟实验室，学生获得一个辅助学习的工具，虚拟实验室没有空间或时间的限制，学生可随时随地使用，不像学校实验室，局限于一个特定的地点和有限的时间。虚拟实验室项目促进大学与中小学之间的合作，通过在线平台，让教师方便地通过浏览器远程访问实验室。教师和学生将能够运行实验，收集数据和分析结果。通过虚拟实验室，农村学校或一些设备老化的学校的学生可以进行科学实验和体验实验的过程。

**（二）案例创新点**

利用计算机对文本、图形、图像、动画、声音、视频等多种媒体信息进行综合处理，构建生动逼真的二维和三维场景。同时，通过建立逻辑关系和人机交互作用，使计算机具有交互展示不同媒体形态的能力，并通过图形交互界面、窗口交互操作实现人与计算机之间的信息输入与输出。基于交互式多媒体技术的虚拟仿真实验教学，具有形象、生动、直观、高效的特点，常用于进行理论教学、原理演示以及辅助操作训练。

应用计算机图形学和图像处理技术将大量数据以图形或图像的形式在屏幕上显示出来，进而使人们产生深刻和意想不到的洞察力，即可视化技术。可视化的主要过程是建模和渲染，前者将数据映射成物体的几何图元，后者则将几何图元描绘成图形或图像。可视化技术的应用大至核反应堆运行过程模拟、地震断裂带数据分析，小至股市行情预测、分子结构演示，无处不在。将可视化技术应用于虚拟仿真实验教学，必将促进实验教学方式、实验方法发生根本性变革。

仿真技术以控制论、系统论、相似原理和信息技术为基础，以计算机和专用设备为工具，利用数学模型对实际的或设想的对象进行动态试验、性能分析和综合评估。应用虚拟现实等技术构建逼真的运行环境，其主要特点体现在以下几个方面：一是采用了虚拟的外壳和虚拟的环境，易于在多个计算机终端上进行教学；二是通过修改或更换仿真软件，可针对不同装备和环境条件开展教学；三是与移动通信、网络等技术结合，可便捷地实现远程交互训练和网上异地教学。综合应用计算机三维图形、图像处理与显示、传感、人机交互等技术，为使用者提供一个观察并与虚拟世界交互的多维人机界面，使之能够直接参与、深入探索仿真对象在所处环境中的作用和变化，并产生沉浸感。应用虚拟现实技术构建的“虚拟现场”和“虚拟环境”，能够使学生身临其境地去“亲身”经历真实环境、操作过程和运行状态的变化，达到前所未有的教学效果。

增强现实技术综合应用多媒体、人机交互、三维建模与显示、多传感器信息集成、实时跟踪与注册、场景融合等技术，将计算机生成的虚拟物体、环境和系统信息实时叠加到真实场景中，采取透过式头盔显示系统和注册系统(对用户观察点和计算机生成的虚拟物体的定位)相结合的形式，增强用户对现实世界的感知和理解，进而获得超越现实的感官体验，具有真实世界与虚拟世界信息集成、实时交互性强、可在三维尺度空间中增添定位虚拟物体的特点。

## 五、案例经验与启示

近年来的教育改革实践表明，采用面对面教学、在线学习和混合式学习模式能够有效克服传统教学难以为学生提供更多合作学习机会的不足，既有利于发挥学生的信息技能，使学生充分交流各自对探究主题和实验项目的意见，也使教学内容更为丰富、生动、灵活且易于获取。为鼓励学生开展合作学习，提高其解决实际问题的能力，目前国外许多高校正积极构建有利于同伴合作的在线学习环境、平台和工具。

以信息技术为主导的新一轮教育技术的快速发展，有力地促进了教育领域面貌的极大改观。目前，移动学习已成为教育必不可少的一个组成部分，学习分析、开放教育资源也在高校逐步得到应用，使学生真正成为能动性高的学习主体，充分显现出信息技术在推进教育现代化建设中的重要作用。高等教育领域的新动向就是创作、创新和创造，逐渐成为主动学习、实践教学的代名词。就此而言，国外高校进行了一些值得关注的教育变革：一是以往没有实验室或缺乏实践教学环节的大学院系，已将实践教学作为课程和学位计划的一个有机组成部分，并制定政策、完善条件以吸引更多的学生结合教学内容进行创新、创造和设计；二是积极构建有利于学生合作学习、自主实验、协同探究的创新环境和物理空间，跨学科的创客空间(创客实验室)和配备传统的手工制作工具、先进的数字化设备(如激光切割机、微控制器、3D 打印机等)的开放实验室数量迅速增加。

作为学习基础设施中的一项重要元素，开放教育资源以多种形式存在且任何人都能够免费从网络上获取，通常包括播客视频、电子教材、数字图书馆、交互式多媒体课件、虚拟仿真软件、网络实验室、教育类游戏以及课程等适合进行学习、教学和研究的资源。未来教室和实验室是一个新兴的研究领域，其特点是融合创新教育理念、先进科学技术、心理学、传播学、人体工学以及空间构建理论，注重高度的交互性、开放性、启发性和自然、灵活、安全、高效的人性化设计，进而为以学生为主体开展小组讨论、探究实验和研究性学习提供有力支撑。

# 第七节　英国温莎男子学校引领 3D 打印教育

## 一、基本信息

表 3-7 概括了本案例的基本信息。

**表 3-7　案例基本信息**

| 案例名称 | 英国温莎男子学校引领 3D 打印教育 |
|---|---|
| 实施地区 | 英国 |
| 实施时间 | 2013 年 |
| 主要实施者 | 主要负责人菲尔・霍尔(Phil Hall) |
| 实施对象 | 13～19 岁学生 |
| 相关网址 | www. i3done. com/news/2015/227. html |

## 二、案例概述

1908 年，温莎男子学校(The Windsor Boys' School)成为英国波克夏的一所重点学校，学校学生的年龄在 13～19 岁。这所学校以艺术教育为主，注重学术和课外活动的结合。2013 年学校引进了 4 台 3D 打印机供学生使用，其中作为学校的产品设计教师、负责人菲尔・霍尔热衷于让学生利用 MakerBot2 和 MakerBot2X 3D 打印机，来设计和制作各类创意产品。

在温莎男子学校，菲尔・霍尔让他的学生参加一些与 3D 打印相关的有趣项目。温莎男校制定了一些设计理念，这些理念有笼统有具体，如“创新产品”“5 岁以下儿童的教辅材料”“运动训练器材”“MP3 扩展坞”等。在展示板上贴着许多图片，有 MP3 话筒切换栏(为了设计制作这个产品，学生不仅要解决设计上的问题，而且还要掌握电子方面的知识)、儿童教辅材料或游戏、婴儿房的香薰安全柄、iPhone 运动训练助手。温莎男子学校帮助学生提前接触设计、建筑、工业等领域，应当成为英国甚至是全世界学校的榜样。学习 3D 打印技术不仅是为了适应未来，更是为了创造未来。

## 三、案例实施与推进

### (一)实施背景

3D打印技术以计算机辅助设计(Computer Aided Design，CAD)软件生成的或通过实体扫描设备扫描实物所获得的数字模型文件为基础，运用粉末状金属或塑料等可黏合材料，通过“积层造型法”逐层打印材料层创建物体，主要用于原型设计以及组件或产品的制造。3D打印技术实现了设计即生产的创想，具有快速生成的特点，不但能够实现从零件设计到整体设计的跨越，而且“打印”的产品，较之传统方法所生产的产品具有更强的稳固性、更精密的结构，支持更有创意的设计与生成，近年来在机械制造、生物医药、建筑设计、艺术创造等多个领域受到越来越多的关注。

虽然3D打印技术在上述多个领域的应用受到关注，但目前针对3D打印技术在基础教育领域深入应用的系统研究相对较少。英国教育部门及相关组织机构于2012—2013年实施了为期一年的探究——3D打印技术在学科教学创新中的应用，该项目不仅取得了实质性教学应用成果，而且推动了3D打印技术在教育领域中的应用，为更多学校引进3D打印技术，变革教与学的模式起到示范与引领作用。

### (二)实施方案

在温莎男子学校，菲尔·霍尔让学生学习计算机辅助设计软件，并应用于自己的创意，提供丰富的技术环境，鼓励学生自信地发展自己的技能和能力。在掌握关于设计、建筑、工业领域的基础知识后，菲尔·霍尔坚信帮助学生熟练掌握3D技术的关键在于教会他们使用CAD软件。他不太支持学生直接从网络上下载图纸，他希望学生能使用软件把他们自己的创意表现出来。学生的3D打印作品，像商场里的玩具一样精致，每一份作品注入了他们相当大的心血，从设计到打印，再到后期加工，往往需要3～4周，整个学习活动的流程如图3-19所示。

学生的多数模型都是通过设计打印出来组装到一起的。有些部件甚至要花14个多小时来打印。同时，学生必须要将3D打印和其他技术(如激光切割)结合起来，从而设计出大量不同的产品，如图3-20所示。

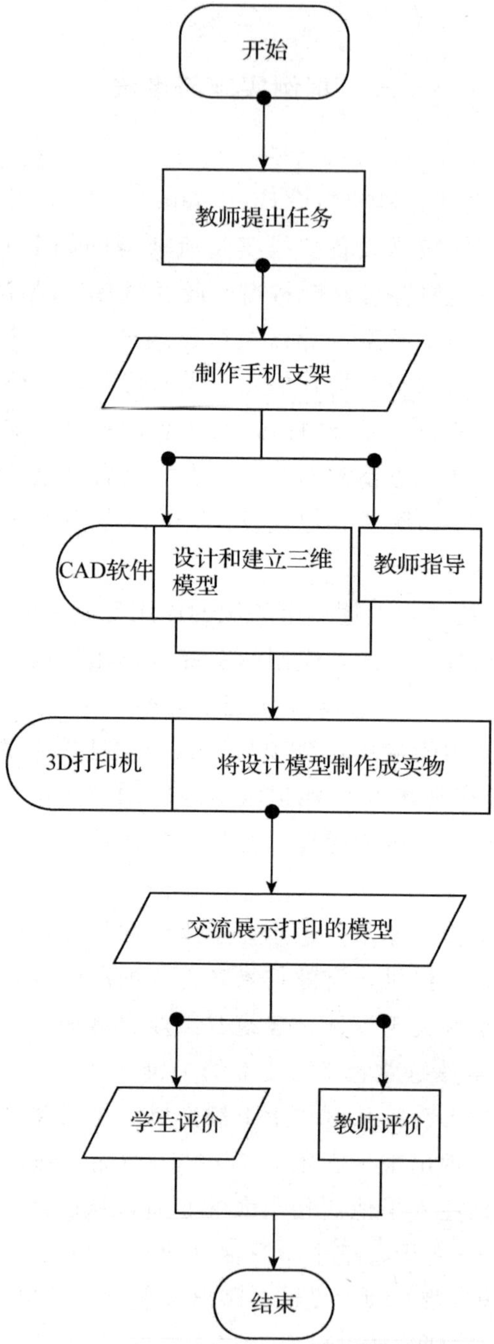


**图 3-19 学习活动流程图**

图 3-20　3D 打印作品

参加课程的学生的年龄大部分在 16～18 岁，这项课程如果完成不了，他们就拿不到一项重要的证书：GCSE(普通中等教育证书，有点像中国的结业证，但考核严格得多)，同时还是评 A 级的重要参考。课程负责人菲尔·霍尔称，STEM 教育和设计课程能够促进下一代工程师的诞生，在中小学生范围内极有必要推广。

温莎男子学校认为熟悉 3D 打印设计流程(计划、设计、制造和评估)的学生能够利用 3D 打印机来缩短“制造”阶段的时间，使打印机在“打印”产品时更快。这意味着学生可以将更多的时间和精力用于产品的“设计”上，发展他们的创新思维。此外，目标指向中提到的“体验式学习中心”，更多地发生在“设计与技术”学科教学过程中。

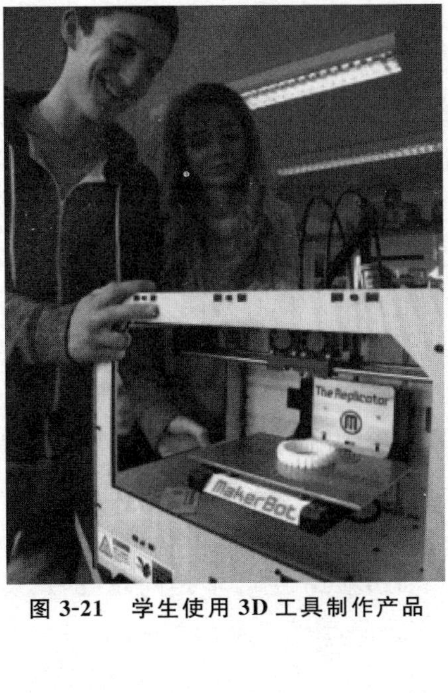


图 3-21　学生使用 3D 工具制作产品

### (三)实施效果

温莎男子学校的3D打印教育能促进学生学习过程和学习活动的开展，其优势在于创设丰富的学习情境，有利于学生将知识和实践相结合。3D打印技术可以作为动力激发工具和支持创新设计的技术工具应用到教学活动中，促进学生学习主动性的提高和学生创新思维的培养。3D打印技术在英国中小学学科教学中取得了比较明显的应用成果，不仅开启3D打印技术促进教与学的探索，而且有望为其他国家或地区的学校引入该技术提供成功的案例和有价值的指引。但从项目试点学校的反馈中可以发现实践过程存在一些问题，如打印复杂模型时耗时、耗力的问题，网络软件与打印机接口契合的问题，教师和学生熟练使用3D打印机的问题等。

## 四、案例特点与创新

### (一)案例特点

在原来的活动设计方案中，由于成本和技术问题，学生仅在电脑上完成设计方案，不制作模型。配备3D打印机以后，学生的设计能够得以实现，这是原来的课程无法做到的。通过实际动手操作，学生会将自己的设计与测试结果建立联系。这将会影响学生以后的学习和他们对工程设计的兴趣。在未来的教育中，这类情境对认知的影响会越来越明显。3D打印机在课程中的使用节约了模型制作时间，不具备模型制作技能的学生也能制作出精美的模型。而且，3D打印促进了评估活动的进行，利用3D打印机创建的模型也可以很好地了解学生在建模进展中的问题。比如，学生的设计草案和表达理念是否清晰，或者学生所设计人物模型的姿态和平衡性等。

3D打印技术作为一种连接虚拟与真实世界的技术，不仅丰富了学习者的学习环境，而且促进了学习者的创新活动。综合利用3D打印机及其制造技术有助于营造优质的、多样化的创作环境，提供多种创新要素。另外，3D打印机可以将学习者的设计想法有效地可视化，更早地发现错误和不足，引导学习者走向创新驱动的设计过程。3D打印技术通过创造与设计这两种技术使用方式为学生获得并应用知识提供可靠、便捷的技术支持，实践了“设计是重点，生产不是问题”的新思想，在提升学生的分析、设计、评估、实践和创造的能力，促进学生的分析性思维与创新性思维以及系统性思维的发展，为现实中建造高质量的工程提供保障，并切实地实现了利用技术辅助工程设计等方面有重要实际意义。

**(二)案例创新点**

1. 在学习环境中扮演的角色

3D打印直到最近两年才在温莎男子学校中有了初步的应用，但大都还处于前期探索阶段，并未真正投入日常教学。根据其在学习环境和学习活动中所处的地位不同，3D打印在教育实践中主要扮演了以下三种角色：首先是作为教学目标和学习内容，教师要教会学生如何设计、如何建模、如何使用3D打印机。3D打印是集光、机、电、计算机、数控及新材料于一体的先进制造技术，被称为"引领第三次工业革命的制造技术"。其次是作为教学工具或学习工具，起到"效能工具"的作用。3D打印制作教学用具，或者作为快速实现工具，是目前3D打印在教学中最主要的用途。学校为工业设计专业的实验室配备3D打印机，学生在设计室内就可以把自己的设计转化成为作品，随时调整和改进。最后是作为教学环境，起到"认知工具"的作用。针对需要制作模型的课程，3D打印可以作为小组协作探究环境的一部分，承担对创意和技术方案进行快速验证的任务，促进学生创造力的培养和社会性认知的发展。3D打印在知识和技能、理论和现实之间架起了桥梁，丰富了学生的学习体验。

2. 教学中的应用模式

(1)用于制作增强型的立体教具、学具

可视化教具对提高教学的效率和效果有显著的促进作用。在原来的教学场景下，教师多使用语言和图片描述教学内容，形象直观的立体教具较少配备，或者无法定制。3D打印提供了更多的创造空间，教师可以自行制作某些教具，并在课堂上展示。学生也可以观察、触摸和组装这些教具，这种方式显然要比原来的教学效果更好。而且，由于多数教师都缺乏制作教具或设计教具的能力。有了3D打印机以后，只要公布设计文件，这些模型也可以在教师甚至是学生之间分享，充分发挥它的作用。

(2)用于辅助学生进行设计创新

工程类或建筑类专业的学生可以使用3D打印完成快速原型。通过电脑直接将设计打印成微缩模型来构造设计方案，而不用花很多时间手工制作。通过这些快速原型，在设计初期就可以发现问题和不足，并且修正设计中的缺陷，教师也能及时给予学生指导和帮助。设计类专业的学生同样也可以利用3D打印技术快速实现他们的设计方案，并且到生活中进行检验和试用，把课堂上获得的技能和创造性构想应用到现实生活中。

(3)用于强化课堂交互活动和协作学习

3D打印技术可以为课堂交互活动提供更多的创造空间，使课堂上的教学互动仅受教师和学生的想象力限制。例如，在物理课上，教师可以使用3D打印机制作齿轮组等机械部件，并提出问题，让学生分组自己设计其他部件并用3D打印机实现设计，完成整个力学实验。在这类交互活动中学生处于教学活动的中心，以平等方式与教师互动；教学设计强调学生的主动学习，强调学生对学习主题的深层理解；教师扮演咨询者、辅导者和学习动机激发者的角色。这些开放式的交互活动不仅有趣，而且能够培养学生的合作精神和协作能力。

3. 对教与学的创新

根据温莎男子学校对3D打印教育的应用模式和应用领域的分析，这项新兴的学习技术在教与学方面有诸多的创新之处，主要表现在教学内容、教学方法和学习体验三个方面。

(1)3D打印创造新颖的教学内容

应用3D打印的教育实验涉及很多新课程设计，这些课程常常涉及电子、计算机、设计等多学科内容的整合，而3D打印为这些知识的整合提供了机会。此外，3D打印的应用也有助于推动STEM教育。STEM教育包含科学、技术、工程、数学的综合素养，强调学生的设计能力、批判性思维和问题解决能力的培养，它是知识经济时代的人才培养目标之一。STEM教育有别于传统教育体系中学科界限分明的做法，着重于培养学生的工程师精神，3D打印的应用使很多以往难以实现的“动手做”类型的课程设计成为可能，激发了学生投身于技术和工程领域的热情。

(2)3D打印改善教学方法

在大部分的3D打印课程案例中，3D打印技术的本身并不是课程的重点。这类课程采用项目的形式，其主要目标是将抽象的概念变成有趣问题的解决，进而帮助学生掌握抽象概念。比如，在《3D打印：从想象到现实》一书中，“边做边学”课程设计了一个制作风力发电机的项目，将物理学、电子技术的一些抽象概念和动手制作巧妙地结合起来，让学生自然而然地学会和应用这些基础知识。此外，3D打印可以用来制作定制化的教具和学具，让学生切身体验，为教师讲解该内容提供了一种更直观的方法，有学者称为“触觉教学”。

(3)3D打印营造更愉快的学习体验

3D打印的核心应用在于它能够帮助使用者将数字化的设计快速变成实物。在上文提到的触觉教学中，独特的实物模型给学生提供了切身感受，并且可以操作模型互动，从另一个角度对事物增进了了解，能够帮助他们愉快地记忆，避免遗忘。还有对于需要动手设计和制作的课程来说，3D打印可以帮助学生加速设计的过程，学生可以在设计的早期就通过原型化排除错误的设计。例如，以前力学课程实验中学生要想建造一个桥梁的模型，必须花费大量的时间用牙签和胶水制作，而现在交给3D打印机很快就能完成。这样，学生能更快、更安全地发现错误，找到解决方案，帮助他们避免在无用工作上浪费时间或者项目失败带来的挫败感。

## 五、案例经验与启示

随着智能制造的进一步发展成熟，新的信息技术、控制技术、材料技术等不断被广泛应用到制造领域，3D打印技术也将被推向更高的层面。3D打印技术的发展将体现出精密化、智能化、通用化以及便捷化等趋势。“任何技术都倾向于创造一个新的人类环境”，3D打印技术也将在教育领域发挥积极的作用。对3D打印技术的研究有助于我们把握和预见技术在教育领域中的应用方式和应用前景，并进一步探讨如何充分发挥新技术的特点和优势，通过技术在教育中的应用体现和提升其价值。

当前3D打印仅仅是试水教育行业，我国仅有少数高校和沿海发达地区的个别中小学配备了3D打印机，而且大多处于“可有可无”的水平，未达到在教学活动中创新应用的层面。在教育机构中，特别是我国的学校中推广和普及仍面临着很大的挑战。首先，软硬件环境配备代价高昂，无论是3D打印机还是专业的三维建模软件，价格都较高。同时3D扫描仪、三维模型的素材库等配套设备和资源也有所缺失。而且入门级的3D打印机的工作效率很低，一个不太复杂的小物体都要数小时才能打印出来，需要同时配备多台3D打印机才能满足一个30人小教学班的一次教学活动需要。其次，应用3D打印机需要对课程重新设计和再造，原有的学科课程很少涉及动手制作和多学科内容的整合。因此，除了打印教具以外，目前3D打印机大多应用在创新性的课程或课外学习活动中，难以引起常规课程教学的变革。最后，在课堂中应用3D打印机对教师和学生的信息素养要求较高，较强的动手能力和基本的工程素养是核心能力之一。这就首先需要对教师进行培训，既要在使用设备的技能上，更要在创新意识和学习活动设计能力上提升教师的水平。

## 第八节　纽约州立大学数字化学习共享空间建设

### 一、基本信息

表3-8概括了本案例的基本信息。

**表3-8　案例基本信息**

| 案例名称 | 纽约州立大学数字化学习共享空间建设 |
|---|---|
| 实施地区 | 纽约州立大学布法罗分校 |
| 实施时间 | 2007年 |
| 主要实施者 | 纽约州立大学布法罗分校 |
| 实施对象 | 教师和学生 |
| 相关网址 | www. buffalo. edu |

### 二、案例概述

2004年1月1日，约翰·B. 辛普森(John B. Simpson)就任纽约州

立大学布法罗分校(University at Buffalo, the State University of New York)校长，他指出，“为了确保布法罗分校能在学术卓越上不断取得进步，我们必须开动脑筋，发动各方面的力量，又好又快地解决我们学校在21世纪面临的独特挑战。”为此，纽约州立大学布法罗分校随即启动了“布法罗分校2020战略规划”的制定工作。

2020战略规划提出，要扩大纽约州立大学布法罗分校的招生规模，加强学校吸引顶级教授和科研人员的潜力，不仅限于其最擅长的医学领域，而且包括其他所有学科专业。这项战略规划是纽约州立大学布法罗分校所在的尼亚加拉河流域地区迄今为止为了恢复其未来的经济活力而制定的一项规模最大的规划。整个战略规划包括四个方面，分别是基础建设、学术卓越、扩大规模、运作转型。基础建设的目标是打造一流的研究型大学硬件环境，学术卓越则被作为实现学校战略实力增强的杠杆，规模扩张的目标是实现教师、学生和行政人员的数量增加40%，而运作转型的目的是为了实现学校工作流程的再造，提高学校各项服务的效能。

这项战略规划需要打造一个全新的校园环境。2007年，纽约州立大学布法罗分校又启动了一个为期两年的整体规划项目，试图通过这项整体规划，对下属3个校区的学习景观与科研环境进行彻底再造，最终使学校实现“2020战略规划”。为此，学校邀请了国际知名的战略设计与策划咨询顾问公司来为学校的学习环境建设出谋划策，制定整体规划，负责学习环境的主管雪莉·达格代尔(Shirley Dugdale)等人在对纽约州立大学布法罗分校的校园进行规划时引入了“学习景观”的概念。学习景观意味着学习者浸入其中并体验到的所有环境，包括现实的物理环境和全球化的虚拟信息环境。雪莉·达格代尔领导的团队以学习景观为基础，在校园规划上坚持以学习者为中心，试图利用先进的信息技术手段为学习者的学习和交流打造一个网络化的学习场所，把物理的实体空间和虚拟的信息空间整合在一起，从而实现把学校中各种各样的学习社群联结在一起的目的。拜尔·布林德(Beyer Blinder)领导的负责整体规划的工作团队主持开展了对学习景观的前期分析和规划，他们设计策划的这套学习景观包括纽约州立大学布法罗分校的3个校区，涉及的内容不仅包括教学，而且包括非正式学习以及社群互动等多个方面。

## 三、案例实施与推进

### (一)实施背景

纽约州立大学布法罗分校成立于1846年，是美国东北部地区最好的公立大学之一，作为纽约州立大学系统规模最大、综合性最强的公立研究型大学。高等教育信息化是一项复杂的系统工程，大学的数字化改造涵盖很多方面的内容，数字化学习共享空间建设只是其中之一，需要采取系统思考的方式进行全盘谋划，数字化学习共享空间的建设才能在利用信息技术对高等教育机构进行数字化变革的历史进程中找到自己合适的位置，进而最充分地发挥作用，实现高等教育信息化的最大效能。因此，美国纽约州立大学布法罗分校进行了数字化学习共享空间建设。

### (二)实施方案

为了帮助纽约州立大学布法罗分校实现学术卓越的目标，环境设计咨询公司团队为整体规划制定了一种学习空间的战略。整个规划包括前期研究、需求分析、战略选择、概念创新和方案制定五个基本步骤，在研究中收集数据，根据收集到的数据对问题进行分析，然后确立明确的未来愿景，根据发展愿景制定具体战略，在此基础上进行概念创新，最终集成制定总体规划，体现了以系统思维把握复杂问题的工作方式。

在整体规划过程的前四个月，环境设计咨询公司的工作团队展开了广泛研究，认真考察了学校的战略愿景，收集了大量的数据资料，广泛而深入地了解了学校教师、学生、行政工作人员以及当地社群的实际需求，对学校的各项职能和活动进行了缜密分析，其中最重要的是对学习空间展开的探究。他们在学校教学和学习技术特别工作组的大力支持下，对来自学校各学科领域的教师和学生进行了现场观察、访谈和问卷调查，并同他们进行座谈和研讨，从而掌握了大量第一手资料，把握了未来大学课程教学的战略方向。在此基础上，工作团队形成了学习空间规划与建设的基本原则，即把课程战略与空间战略集成在一起以系统思考的方式通盘考虑。

纽约州立大学是一个拥有多个校区的学校，为了实现便利性，在学习景观的再造上必须要遵循以下几项基本原则。第一，使用核心的共享式学习空间来创建对学生而言富有吸引力的“节点”(Hub)或“锚点”

(Anchor)；第二，巩固和整合分布在不同地理空间位置上的服务；第三，通过各种可见的活动和标识让校园空间内的所有重要路径和场所恢复活力。学校各校区的特色和美观都要进一步加强，需要创建一个可持续发展的环境和基础设施，学校文化也需要进一步加强自身凝聚力。因此，需要做到以下三点：第一，提升学习空间类型、使用模式的多样性及密度；第二，在公用和专用空间、正式与非正式空间中保持平衡；第三，让重要的学习空间能够满足多样性的使用需求以及多元化学习团队的需要。另外，在纽约州立大学布法罗分校的校园学习环境中，正式学习空间的创新氛围不足，各种设施配置和技术装备都有待进一步提高，现有的学习空间、基础设施和教学方式都大大限制了学习者的协同、互动和聚集能力。因此，必须在各种多用途空间和双重用途空间中布置一些专门用途的空间，明确空间的使用，帮助学习者了解和认识各种空间场所，采取试点的方法积累学习空间建设与使用的经验。

### (三)实施效果

纽约州立大学布法罗分校数字化学习共享空间巩固和整合了分布在不同地理空间位置上的服务，并且使用核心的共享式学习空间来创建对学生而言富有吸引力的“节点”。这不仅提升了学习空间类型、使用和拥有模式的多样性及密度，而且满足了团队多样性的使用需求和多元化学习需要。加强了学习者各项活动以及教育信息资源的流动性和互联性，构建了一个面向教师、学生、行政职员以及当地社群之间的学习、探究、发现和交流的空间网络。

## 四、案例特点与创新

纽约州立大学布法罗分校数字化学习共享空间建设是对所有学习空间进行总体规划和通盘考虑的，而不是拘泥于某一个孤立的空间场所的；高度依赖学习者和用户对各种专门的信息技术工具和手段的使用；以研究为焦点并面向未来而不是沿袭既有标准的。为了应对多样化的实际需求，工作团队在学习空间的概念上创造了一系列新的数字化学习共享空间概念和形式，其中最重要的是“节点”概念以及为“节点”发展的 3 个子概念。所谓节点，就是一系列功能的集群，这些功能集中在一个共同的地理空间区域中，可以让相互之间的协同变得更加顺畅和便利。

### (一)面向任课教师的教学节点

教室节点是一系列具有试验性质的利用先进的学术技术装备支撑起来的教室。它被植入教室区域中，能够提供灵活机动、富有弹性的学习工作站(Learning Studio)，有需求的用户可以提前预订，它大力鼓励教师进行各种课程教学方面的试验探索，每次时间可以持续一周或两周。教学节点是战略分布式教师支撑空间网络的一部分，目的在于满足教师在课程教学中对保持充分交流和沟通、教学支撑服务以及试验性教学产生的需求，它提供的便利且迅捷的技术支持手段进一步加强了新技术在大学课程教学中的整合。而因应不同学科在课程教学上的独特需要，教学节点还可以被植入特定的学术单位中。如图 3-22 所示，一个典型的教学节点包括含有储藏室和观察控制室的试验教室以及一个含有前台帮助、咨询顾问室、实践室、数字化接地工作站、等待区域的教育技术支撑集群。

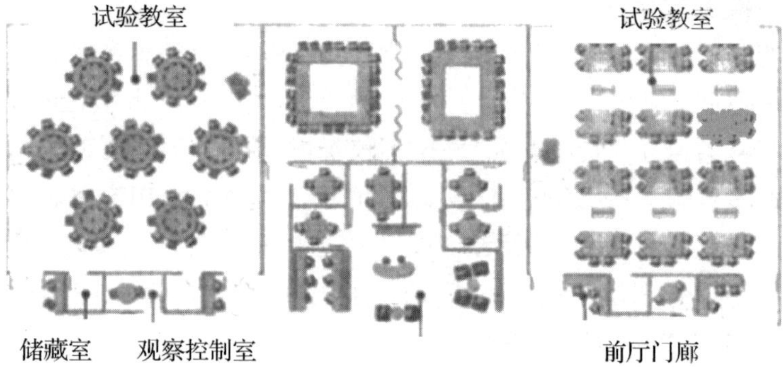


**图 3-22　面向任课教师的教学节点示意图**

学习走廊是一个由沿着走廊的分布式座位区域及前厅门廊构成的系统，是为加强和促进与教室相近的途径而制定的策略，可以让学习者在课程教学结束后继续进行对话和交流，也可以充分利用空间。如图 3-23 所示，一条典型的学习走廊主要包括可视化空间、咖啡茶座、开放剧场、学习室等。可视化空间是从正式学习空间中切割出来的规模很小、非正式的空间场所，其目的在于鼓励学习者相互之间展开互动，进行各种活动，向他们提供一个舒适的等待区域等。咖啡茶座内则安排了很多可以有利于展开协同与合作的桌椅，充分利用各种光线和视角，同时还配备餐饮服务和电源接口。开放剧场是一个样板和演示空间，学生、教师或图书馆工作人员可以在这里一起进行非正式的演说或报告，分享彼此的思想和心得，由于是开放性的，所以路人如果有兴趣也可以参与其中。学习室则是一个使用玻璃封闭起来的小空间，在这里，学习者在课间可以聚精会神地学习和工作，而不会被来来往往的人流打扰。

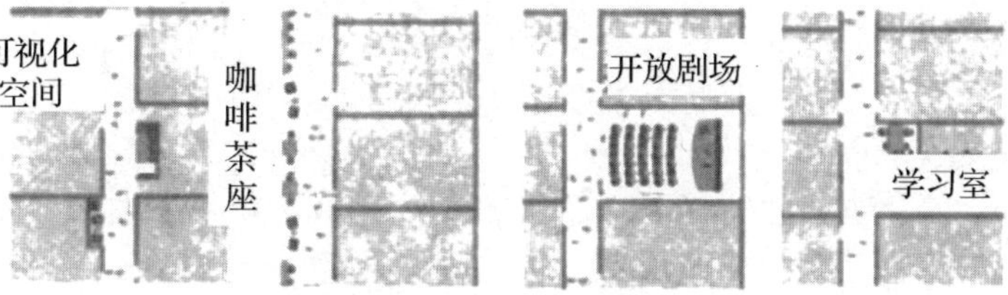


**图 3-23　学习走廊示意图**

### (二)面向研究人员的教师节点

教师节点则是一个共享场所，教师可以在其中开会讨论和协同工作。教师节点被设计为一个面向教师的协同中心，可以被用来支撑多学科交叉的科学研究工作。这些节点的目的是为那些没有足够优秀的科研环境的教师提供各种支撑服务。一方面，随着科学研究的跨学科特征越来越明显，多学科研究人员之间的相互协同显得越来越迫切，而传统的科研实验室在促进不同学科背景的研究人员的充分交流上显得力不从心；另一方面，当代信息技术手段在科学研究中的广泛应用促使现在的科学研究工作模式越来越具有分布式的特征。

在教师节点中，科学研究人员可以利用那些可以预定的共享空间开展跨工作团队的协同与交互。如图 3-24 所示，一个典型的教师节点主要由共享式会议空间、可视化空间、工作室、教师工作站、文印区域、学者工作站等构成。共享式会议空间配有高档的数据可视化与视讯会议设备，可以让科研团队与世界范围内的同行进行交流。工作室可以接受预订，让科学研究人员与来自不同校区的同行一起协同工作，或者在会议结束后继续进行讨论。咖啡吧靠近整个节点的入口处，有利于使用者在休闲之余进行非正式的交流和互动。休息室配有先进的信息化浏览显示设备，可以让科研人员对学校教师正在进行的各种科学研究项目进行浏览。

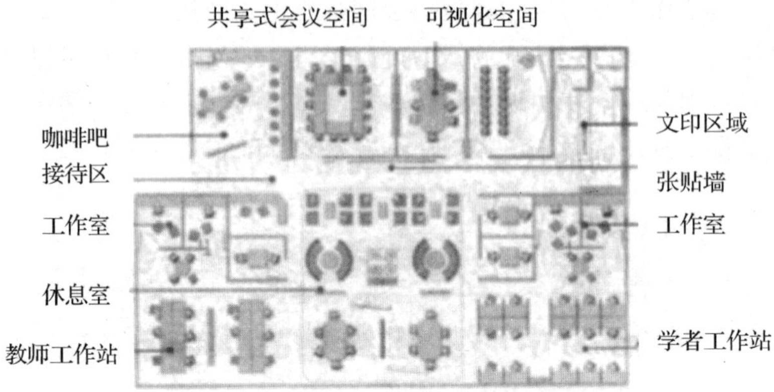


**图 3-24　面向研究人员的教师节点示意图**

## 五、案例经验与启示

学习环境的构建是实现教学方式变革的基础，也是教育技术研究的重点。数字化学习共享空间建设是大学数字化改造的一个方面，数字化学习环境的质量直接影响教师的教学效果和学生的学习效果。美国纽约州立大学布法罗分校进行了数字化学习共享空间建设，一方面不仅满足教师在课程教学中对保持充分交流和沟通、教学支撑服务以及试验性教学产生的需求，也进一步加强了新技术在大学课程教学中的整合；而且加强和促进了与教室相近的途径而制定的策略，可以让学生在课程教学结束后继续进行对话和交流。另一方面也可以充分利用空间，科学研究人员可以利用那些可以预定的共享空间开展跨工作团队的协同与交互，为科研人员提供各种支持服务。

# 第四章 教师信息技术应用能力提升案例

教育信息化管理是国家教育信息化中各要素有序运行，进而实现教与学变革目标的支撑与保障。近几年来，各国在其教育信息化政策文件中都将教育信息化管理视为重要领域。2012 年 3 月教育部印发的《教育信息化十年发展规划(2011—2020 年)》明确提出，到 2020 年，全面完成《教育规划纲要》所提出的教育信息化目标任务，形成与国家教育现代化发展目标相适应的教育信息化体系，教育管理信息化水平显著提高。为了实现规划目标、完成发展任务，“中国数字教育 2020 行动计划”也特别针对“管理信息化”目标，计划开展国家教育管理信息系统建设行动。这是支撑教育管理现代化的基础工程，将建立国家和地方教育管理基础数据库和信息系统，推动学校管理信息系统建设与应用，实现系统整合与数据共享。这一举措足以证明“教育信息化管理”也是教育信息化政策制定时考虑的重要内容。

教育信息化越来越深入我国的教育中，这就需要学校的教师以及管理者都要对自己有更高的要求，如教师的专业能力、应用能力以及管理能力等方面。但是，也许会有教师、管理者忽视提升自己的能力，这样就达不到学校的要求，会使学校的发展停滞落后，对自己的发展也是有所影响的，所以国家出台了一系列政策，以提高教师信息技术应用能力。教育部办公厅印发的《2016 年教育信息化工作要点》提出，深入实施全国中小学教师信息技术应用能力提升工程，完成不少于 200 万名中小学、幼儿园教师的专项培训。继续举办教育厅局长教育信息化专题培训班，培训 800 人；举办高等学校教育信息化专题研讨班。各地在教育部统筹指导下，积极推进教师信息技术应用能力培训工作。截至 2016 年 6 月，全国参与信息技术应用能力培训的中小学教师比例为 73.9%，为信息化教学应用的普遍开展打下了坚实的基础。广西按照“自治区抓重点，市县保全员，学校重应用”的培训体系分级推进。天津中小学教育教学研究室通过搭建网络教研平台促进教师专业化发展，“天津市基础教育网络教研平台”注册用户数已达 74 596 人，占全部专任教师的 92%。

面向未来培养高素质人才，教师能力是关键。要建立健全教师信息技术应用能力标准，将信息化教学能力培养纳入师范生培养课程体系，列入高校和中小学办学水平评估、校长考评的指标体系，将教师信息技术应用能力提升纳入教师培训必修学时(学分)，将能力提升与学科教学培训紧密结合，有针对性地开展以深度融合信息技术为特点的课例和教学方法的培训，培养教师利用信息技术开展学情分析与个性化教学的能力，增强教师在信息化环境下创新教育教学的能力，使信息化教学真正成为教师教学活动的常态。校长的信息化领导力就是校长认可信息技术在学校中有效应用的必要性、重要性和迫切性，同时能够通过一系列的规划、政策、策略以及日常的相关行为，让全校师生员工认同这个目标，共同努力，并最终实现学校信息化的过程。

深入推进三个课堂建设，积极推动“专递课堂”建设，巩固深化“教学点数字教育资源全覆盖”项目成果，进一步提高教学点开课率，提高教学点、薄弱校教学质量；推广“一校带多点、一校带多校”的教学和教研组织模式，逐步使依托信息技术的“优质学校带薄弱学校、优秀教师带普通教师”模式制度化。大力推进“名师课堂”建设，充分发挥名师的示范、辐射和指导作用，以“名师工作室”等形式组织特级教师、教学名师与一定数量的教师结成网络研修共同体，提升广大教师的教学能力和水平。积极组织推进多种形式的信息化教学活动，鼓励教师利用信息技术创新教学模式，推动形成“课堂用、经常用、普遍用”的信息化教学新常态。创新推进“名校网络课堂”建设，各地教育行政部门要制订相关规定，鼓励、要求名校利用“名校网络课堂”带动一定数量的周边学校，使名校优质教育资源在更广范围内得到共享，让更多的学生享受到高质量的教育。继续推动高校建设并向社会开放在线课程，促进中央部门高校支援西部高校开展在线开放课程线上线下混合式教学改革；积极支持、推进高等学校继续教育数字化资源开放和在线教育联盟、大学与企业继续教育联盟建设，扩大高校优质教育资源受益面，在提升高等教育、继续教育质量中发挥重要作用。[①]

① 中华人民共和国教育部．教育信息化“十三五”规划[EB/OL]．[2016-06-07]．http：//www.moe.edu.cn/srcsite/A16/s3342/201606/t20160622_269367.html.

各国教育信息化管理发展水平参差不齐。在发达国家，学校管理信息化大部分早已完成。因此，它们在制定宏观的教育发展政策时，更着重强调在学校层面的教育信息化管理中的另一个要素——“领导”，也就是校长信息化领导力。早在2000年，美国教育领导协会(The Institute for Educational Leadership，IEL)在其报告中规定了21世纪的校长应该承担三种身份：教学领导、团体领导、愿景领导。英国也是较早关注面向信息化的学校领导力培养的国家之一。英国国家学校领导学院(National College for School Leadership，NCSL)为不同职业阶段的中小学领导者提供面向信息化的领导力培训，如高级领导计划、咨询性领导培训项目。NCSL指出信息化领导力主要包括三方面：愿景、应用和评估。

本章通过收集国家级教育发展政策和行动计划，并结合国内外的研究情况，选取典型案例进行介绍。英国中小学信息化领导力提升项目(I-SLICT)面向全世界，服务于那些寻求专业技能发展和希望了解新技术在教育中的应用潜力的学校领导和教育政策制定者，旨在让学员通过探索ICT的创新应用是如何转变课程、教学、学校管理以及最为核心的学习者的经验，拓展学员的个人与专业技能，最终帮助学员形成学校信息化发展的愿景和规划，引领学校发展；芬兰教师ICT培训使教师对信息技术教育形成积极的态度，具备基本的ICT知识技能，掌握ICT在学习、教学和管理中的应用，能够充分利用信息技术提高自己的工作成效；印度教师职前ICT培训，让教师能够使用信息技术教学，实现信息技术与课程整合，从而使学生能够利用信息技术进行自我学习，并鼓励学生在未来的研究和职业选择中应用信息技术；美国PT3项目支持职前教师教育技术培养，鼓励和支持职前教师进行技术教育的创新实践，加速培养满足信息时代要求的高素质教师等。通过这些案例的分析比较，以期能够发现在教育信息化管理发展情况上，我国与其他国家在“领导力”方面存在的差距，从而为我国教育信息化管理和教师信息技术应用能力建设方面提供一定的借鉴。

# 第一节　邯郸教师专业区域协同发展项目[①]

## 一、基本信息

表 4-1 概括了本案例的基本信息。

**表 4-1　案例基本信息**

| 案例名称 | 邯郸教师专业区域协同发展项目 |
|---|---|
| 案例范围 | 河北邯郸邯山区 |
| 实施时间 | 2000 年 |
| 主要实施者 | 河北邯郸邯山区教育主管部门和中小学 |
| 实施对象 | 中小学在职教师 |

## 二、案例概述

河北邯郸邯山区从 2000 年开始加强对教师信息技术及其相关的培训，近几年来全区教师经历了信息技术培训、英特尔未来教育(Intel Teach to the Future)培训、教育技术中级培训等有关信息技术与课程整合方面的培训，教师的信息素养较高，能够熟练使用信息技术。但是随着教育技术的发展，在教师利用技术改进课堂教学、促进学生高级思维发展和 21 世纪技能发展方面，缺乏系统有效的指导，技术不能够有效支持学生学习和教师的专业发展。为此，如何加强技术在课堂教学中的有效应用，促进教师专业化发展是需要重点研究的问题。

## 三、案例实施与推进

### (一)实施背景

近几年来，随着信息技术在中小学课堂教学的普遍应用，信息技术

① 主要贡献者：郭炯

与课程整合研究已经从外在的教学手段、教学方式等变革发展到整合效果的内在反思阶段。然而目前多数培训模式提供给教师一种信息：在教学中将知识点从课本搬到了多媒体课件上，改变了知识的展示平台，就是实现了信息技术与学科整合。教师过多地学习计算机的操作技能，而缺乏将信息技术与课堂教学紧密结合的能力。为了顺应信息化社会的发展趋势和满足基础教育课程改革的需要，河北邯郸邯山区教育主管部门和中小学根据教师专业化发展对信息技术素质的要求，对中小学在职教师开展了有计划、有目的的学习活动，促进中小学教师在信息技术理论知识和运用能力上的发展和提高。教师信息技术能力培训的主要目在于提高其信息技术的素养，提升其将信息技术应用到教学实践的能力，以及如何与教学活动进行有效整合的能力。信息技术能力的提升是教育信息化发展的重要组成部分，培训过程中要考虑到教师的各方面因素，如自身的学科知识、所在学校背景等，以此来安排培训课程，根据不同的条件合理安排培训内容。

**(二)实施方案**

1. 预期成果

区域预期成果：探索区域教师专业发展支持服务团队(由教育技术人员、教研员、进修学校教师、骨干教师等构成)引领下的“培训＋应用型课题研究”相结合的教师培训模式，促进区域教师 21 世纪教学能力得到提升；组建区域教师学习共同体，探索网络平台支持下的区域教师协同发展机制与运行模式，提升教师网络协作教研能力；建设“微项目”资源库，探索区域内优质教育教学资源的共享机制，促进区域资源共享。

学校预期成果：构建校内学习共同体，使教师在落实英特尔未来教育理念的过程中不断开展“单元化微项目设计及教学应用”研究，逐渐具备发现教学问题、解决教学问题的能力，形成开展协作教研的氛围；探索微项目教学模型，促进学生 21 世纪技能的提升；探索单元化微项目设计及教学应用方法，形成适应不同学科的微项目设计指导手册及可供借鉴的方法和案例集。

2. 实施过程

(1)组织机构建设

在区域项目立项后，成立了以教育局副局长为组长，由电教仪器、教研室、教师进修学校等科室负责人为成员的“教师发展中心”。它由三个团队构成：管理团队、教研团队和技术团队，确定了团队职责和作用，做了分工和协调。在具体实施中，每个实验学校确定一名项目联系人，具体负责项目的落实和管理工作。

管理团队负责协调和顶层设计，确保相关部门和实验学校教师的协调合作。教研团队负责针对学科教学进行问题研究和解决，帮助实验学校教师梳理课程标准、21 世纪技能和教材。技术团队为实验研究提供平台支持和技术支持，提供微项目课程库的建设标准及技术支持。

(2)制度建设

为了保障项目的有效推进，建立了轮流做庄制度和跨校协同教研制度。为促进日常教研活动与区域资源建设的有机结合，区域内各校形成了协同教研机制，定期组织教师围绕“项目学习”这一主题开展集体备课、听/评课、说课、教学观摩、案例研究、自我反思等多样化教研活动。同时还制定了团队考核办法和激励机制，在评优评先、外出学习等方面给予优先安排。

(3)组织活动方面

为了促进课题的深入研究，组织了一系列培训交流和研讨活动：针对三个团队的专题培训(校长信息化领导力、基于项目学习专题课程、教育研究方法)；召开学校子课题开题会；开展浙江玉环和四川绵阳的区域交流活动和选拔活动；承担 2014 年英特尔未来教育全国交流研讨会；实验学校教师进行教材、课标、项目设计整理活动。

**(三)实施效果**

**1. 教师和学生的变化**

教师在理念上对应该教什么、如何组织教学、为什么要开展学科教学等有了更深入的理解，不再停留在为教而教的阶段，能够审视教材、课程标准和项目之间的关系。在教学态度上，教师有了更积极的态度，开始主动分析课程标准，梳理教材内容，将其结构化；从以完成教学任务为主要目标转化为如何设计有创造性的项目，引导学生进行深度学习，从教教材转变为用教材教。

在教学能力方面，由于项目教学是面向真实任务的教学，需要教师更强的组织协调和管理能力，因此在项目教学实践中教师从先前的找知识点、训练知识转化到如何更好地组织管理项目的实施，其教学能力得到极大提升。

学生在项目实践中也得到了提高。在一节项目学习的观摩课中，授课教师设计了一个推荐全校学生购买最实惠的跳跳鼠项目，让学生为大家推荐一款价廉物美、性价比高的跳跳鼠。一位学生在课下进行的跳跳鼠调查中，除了有品牌、价格、外观等要素之外，还专门设计了每一款跳跳鼠的试用感受说明。这位学生到很多家卖跳跳鼠的商店试跳，最后得到了这些感受。项目学习确实给学生带来了与众不同的感受，学生在项目中受益的不仅仅是知识，还有更为重要的交流、解决问题的能力。

在一个语文项目教学中，学生在学习冰心作品的单元时，教师设计了一个具有吸引力的项目，让学生出版一本真正适合自己阅读的冰心文集。学生阅读冰心的大量文章，从中选出自己认为最值得推荐给大家阅读的文章并抄下来，然后整理装订成一本冰心文集，学生在学习中体验到创造的快乐，获得抄写中的细致书写的体验，最后的新书发布更让学生的激情达到顶峰，当他们捧着自己认真抄写装订的冰心文集，欣喜、成功、自豪的感情溢于言表。还有一位教师在课堂实施项目教学后，学生非常投入，以至于40分钟结束后，还意犹未尽，期盼着下一节课堂中的展示和交流。可以说项目教学给学校带来了教育改革的新思路，给教师带来了教学的活力，给学生带来了富有挑战性的激情和活力。

2. 建立“微项目”资源库

区域整合多所项目学校和辐射学校的力量，收集、整理各学科“项目学习”设计案例，形成了区域“微项目”资源库(邯山区在线教育平台)，以供更多的教师参考、学习。该项目库将不断完善，逐渐形成覆盖全学科、全单元的项目资源库，在分享的过程中帮助教师突破项目设计的难点。

3. 形成《项目学习》设计模板

为了规范、引导教师进行项目学习设计，把握项目学习设计的关键点——目标、问题、技术、评价等，在整合先期采纳者经验的基础上初步形成了《项目学习》设计模板，并请不同学科的教师进行尝试使用，不断提出修改意见，最终形成相对完善的项目学习设计模板。这一模板在后期的项目学习扩散中发挥了重要的作用，包括规范教师进行项目学习设计，明确项目学习设计的关键点，将教师的设计意图显性化，以及引导教师进行教学反思。

4. 形成区域“项目学习”推进路径

在项目实施之初，区域规划了“项目学习”推进路线图，在项目实施过程中不断调整、完善，最终形成以下路径，如图 4-1 所示。这一路径可以理解为以“项目学习”为载体的区域推进的顶层设计，明确目标、支持保障、区域研修规则及方法等，能够清晰地指导区域进行整体推进。

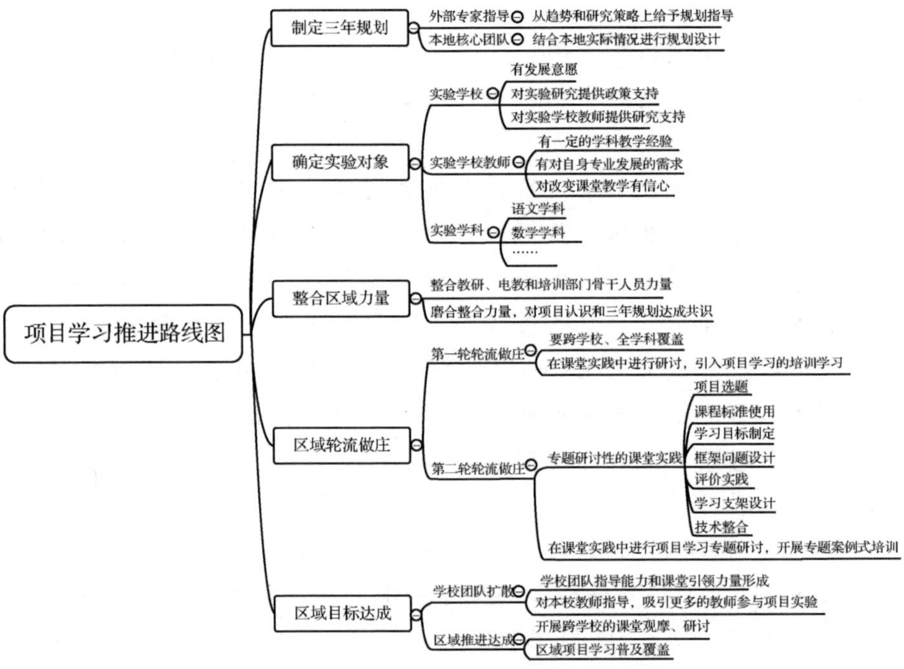


**图 4-1　项目学习推进路线图**

## 四、案例特点与创新

### (一)案例特点

1. 形成区域教育教学创新机制

整个项目的实施过程是区域内新的教学理念、教学方法的创新扩散过程，如图 4-2 所示。根据创新扩散理论的观点，影响创新扩散的要素包括：创新、传播渠道、时间、社会系统。在邯郸区域整体推进过程中，创新主要指引入英特尔未来教育的核心课程《项目学习》，从而改变教师传统的教学组织方式，将学生需要掌握的知识和技能蕴含在项目中，通过项目的组织实施使学生在掌握知识和技能的基础上获得能力的发展，尤其是 21 世纪技能的发展。传播渠道是指如何通过意见领袖、创新代理人(教研员、骨干教师等)将《项目学习》中的核心思想和方法传播给更多的教师和学校领导，从而带来更多教师、学校的变化。时间是指整个创新、采纳，直到应用的时间，从目前来看，整个采纳、扩散用了近三年时间。社会系统是由社会人与他们之间的经济关系、政治关系和文化关系构成的系统，如一个家庭、一个公司、一个社团、一个城市、一个国家，都是一个个的社会系统，也是不同层次的社会系统。在邯郸区域整体推进过程中，形成了一个完整的社会系统。

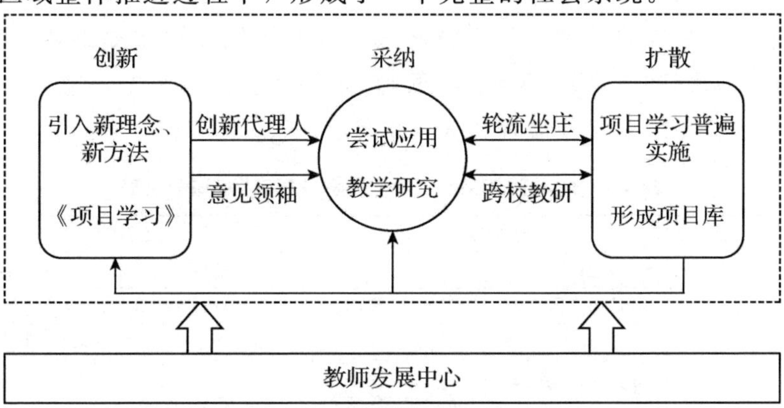


**图 4-2　创新—采纳—扩散机制**

2. 创新采纳者的特征及选择

创新扩散过程的核心是创新采纳者，作为创新代理人接受创新思想，尝试实践，并进行推广扩散。邯郸《项目学习》这一新理念、新方法在区域内的创新扩散需要一些教师作为创新采纳者，愿意接受新理念、新技术、新方法。在实践过程中，对成为创新采纳者的教师特征进行了分析，主要表现在以下几个方面：首先是在学校内具有较好的教研教学能力，希望有更多突破的教师。他们自身愿意尝试，在说服其他教师接受和使用创新方面又有较大的影响力。学校的骨干教师通常都具有这一特征。因此，在项目实施过程中将各项目学校的骨干教师作为创新采纳者的首选。其次是入职不久，成长迅速，希望能够建立自己教学风格的教师。这类教师通常都是教学时间相对较短，正处在发展期的年轻教师。他们的教学还没有形成一种风格，可塑性强，也愿意在不断的尝试中逐渐形成自己的教学风格，逐渐走向成熟。最后是偶然成功的尝试，激励其继续愿意尝试的教师。这类教师抱着试一试的心态面对创新，凭借自己的悟性尝试成功，于是在内心感召和外界的鼓励下不断探索。

3. 区域创新采纳过程和要素

创新采纳过程包括组织和个人两个层面。个人层面的创新采纳过程始终伴随着教师对项目学习的认识和教学效果评价等不确定性的消除以及一系列决策的过程，是在肯定和否定中不断徘徊的过程；组织层面的创新采纳过程是区域推进创新的实际应用，经历由点到面、由少数采纳者到多数采纳者的发展过程。无论是缩短教师对项目学习的徘徊时间，还是增加采纳者数量，都需要经历引入、磨合、适应和日常化的过程，每一个环节都需要得到外部支持，减少创新采纳过程中提供者(英特尔未来教育课程和专家)与采纳者(教师)之间的相互影响的不确定性和随机性。创新采纳的实施流程如表 4-2 所示。

**表 4-2　区域创新采纳过程"阶段—要素"矩阵分析表**

| | 初始阶段 | | 应用阶段 | |
|---|---|---|---|---|
| | 引入 | 磨合 | 适应 | 日常化 |
| 时间 | 2008.9—2010.8 | 2010.9—2013.8 | 2013.9—2014.8 | 2014.9—2015 |
| 采纳率 | 5% | 5%～15% | 25%～50% | 80%～100% |
| 区域主要特征 | 将《项目学习》引入邯郸课堂，个别教师开始关注但无统一要求，教师个人自由采纳 | 寻找实验学校尝试项目学习，部分教师成为早期的采纳者 | 区域确定发展路径，在学校推广应用，逐步获得师生认同 | 学校在大部分学科教学中开展项目学习，且全员参与 |
| 目标 | 对项目学习有感性认识 | 语文、数学学科教师开始设计并尝试实践，逐渐获得越来越多的教师认同 | 学科教师课堂整合，并逐步扩散到其他学科 | 项目学习常态化 |

续表

| | 初始阶段 | | 应用阶段 | |
|---|---|---|---|---|
| | 引入 | 磨合 | 适应 | 日常化 |
| 任务 | 开展《项目学习》培训，引导教师感知、体验 | 指导教师尝试在教学中开展项目学习，组织校本研修和校际研修 | 引导教师有针对性地解决项目学习实施中出现的问题，个个突破 | 组织校本研修和校际研修，全员参与讨论交流，分享经验 |
| 教师主要特征 | 关注课堂教学和学科知识本身，主要依据教材和相关辅助材料来设计教学 | 开始关注课程标准选择和学习目标制定，能够初步使用教材开始基于单元的项目设计 | 依据课程标准总目标和学段目标，确定学习目标，探索基于多学科整合的项目教学 | 依据课程标准和学习目标，实现多学科教学整合，实现真正多学科融合的项目教学 |
| 资源 | 《项目学习》课程及专家培训 | 课例、专家 | 课例、专家 | 课例、专家 |
| 管理 | 教育局长、电教站负责人 | “教师发展中心”——电教站、教师进修学校、教研室等 | | |

可以归纳得出，创新采纳成功的关键包括五个方面：一是区域有核心团队；二是有一个好的实施路线图；三是有更高层面的活动的组织来激励进一步的实验研究；四是有当地教研、培训、电教的力量的整合和支持；五是有学校实验的意愿，特别是学校激励和推进机制的建立。

**（二）案例创新点**

邯郸于2008年开始引入《项目学习》，由于缺乏顶层设计，没有形成实施路线图，也没有统一的要求，因此在长达三年的时间中始终处于少数教师参与的状态。2010—2013年，区域选择了几所项目学校尝试推广《项目学习》，参与最多的是具有先期采纳者特征的教师，但由于区域、学校层面的支持力度和鼓励不足，只是唤起了一些教师的意识，没有能够付诸实践。2013年区域推进项目开展之初，便提出建立区域支持服务团队，与学校骨干教师共同引领、带动区域内的教师尝试在教学中开展项目学习，组织区域研修活动，围绕项目学习中存在的问题共同进行交流讨论，开展教学研究。在多方力量的帮助下，教师的热情被调动起来，并逐渐在项目学习中找到感觉、自信，从学生的变化中感到欣慰。整个采纳率的发展呈“S”状，在前期缓慢上升的基础上，项目的介入使扩散速度迅速加快。影响教师采纳的主要因素包括创新实验团队(初期采纳者)、专家支持服务团队和鼓励激励机制。

1. 在创新被引入的同时需成立创新实验团队，提高创新的可实验性

不经实验就在区域推广是一种冒险，也难以让更多的教师信服。因此需要成立一个创新实验团队，在部分班级、年级开展《项目学习》实验，让教师反复比较项目学习与传统教学的特点，体会项目学习的优势，最终促进更多的教师开展项目学习。实验团队即学校中的意见领袖，也是初期的采纳者。

2. 激励实验团队定期组织观摩活动，将创新结果可视化

实验团队在不断尝试的过程中总结经验，并通过组织观摩活动向其他教师展示项目学习带来的学习方式和学生能力的变化，从而引导更多的教师参与其中。

3. 支持服务团队的引导能够促进教师的采纳

创新的引入需要不断磨合、适应，才能得到广泛的扩散。在这一过程中教师刚开始会有畏难情绪，随着尝试的逐步推进，又会遇到各种各样的问题需要不断解决，这些都需要得到专家队伍的指导，才能得以不断推进。

## 五、案例经验与启示

### (一)区域核心成员在课题推进和实验中发挥引领作用

在邯郸的区域推进工作中，胡楠楠和丁玉海两位教师在项目中的引领作用，使实验研究不断深入下去。他们都是英特尔未来教育项目的骨干主讲教师，拥有超过10年的参与英特尔未来教育的教师培训经历，并一直承担着全市乃至全省的英特尔未来教育培训工作，同时也是河北省信息技术能力提升工程的主要参与人，他们在课题的实验研究中起到重要的推动作用。

### (二)各校学科优势进行取长补短的跨校交流促进教师专业成长

在实验中，邯山区农林路小学具有较强的语文学科实验团队。在项目教学尝试和探索中，他们不断尝试将项目教学融入数字化学习中，在

语文课堂教学中不断尝试项目教学，形成了良好的积淀。邯郸县实验小学在数学学科教学中，把整个教材按照单元设计成一个个项目，并且在微项目教学尝试探索中培养了一大批在课堂中尝试项目整合教学的数学教师，取得了丰硕的成果。

**(三)研训一体化的“培训＋实践”的过程培养教师实践能力**

在课题实验中，先进行基于项目的学习、21 世纪课堂评价、教学研究方法等培训，使实验学校教师和团队有了课题实施方法策略上的通识；接着制订了项目学校课堂实践路线图，按照路线图要求，各实验学校在每个阶段中必须有实验学校教师参与轮流坐庄的课堂交流研讨，在交流研讨中，根据出现的问题进行梳理，同时结合先前所学习的专题课程进行剖析解读，从学习的课程中找支持，从策略中找办法，使实验学校教师认识到了学习课程的必要性，从而形成更加深入的实践研究能力；最后，通过选拔课，从优秀项目教学中选拔出优秀教师参加课题的区域交流观摩，同时以这些教师的项目设计为中心，向更多教师介绍如何实现研训一体化，提高专业水平和能力。

**(四)后续研究**

1.《项目学习》设计时选题感到困难

项目学习中的活动设计对于学生参与的积极性非常重要。很多教师在设计项目时，对于如何设计真实的成果感到无从下手，对社会热点话题和身边现象如何与教材中的知识与技能目标进行整合感到困难。在实践中很多语文教师认为语文学科不好设计项目，很容易让项目学习变得没有“语文味”；而很多数学教师则认为数学学科不好选题，数学教学的知识点无法与真实生活相联系；英语教师则认为小学英语属于单词和口语的学习期，设计项目学习缺乏最基本的语言基础。

2. 对如何使用教材实施项目教学感到困难

教材是教师进行课堂教学和学生学习的主要材料，同时也是目前考试主要的测试内容；项目学习要求教师创造性地使用教材，不是去教教材，而是用教材进行教学。很多教师无法平衡教材中知识学习与项目实施的关系，担心项目学习实施会使学生掌握的知识不够牢固，特别是已经习惯以教材为教学内容、以知识训练和测试为教学方法的教师，在实施项目教学中会出现顾此失彼，无法从大的教学观上创造性使用教材的情况。

3. 在项目实践中教师不能形成持续动力

在进行项目教学实践初期，由于没有形成自己的项目教学风格，需要准备的工作比较多，工作量大，很多教师仅仅是在课堂观摩的时候去设计和实践项目教学。所以这需要成功教师的引领和有价值项目案例的说明，同时还需要实验学校领导的支持和关注。

## 第二节　美国夏威夷 eMSS 教师在线学习项目

### 一、基本信息

表 4-3 概括了本案例的基本信息。

**表 4-3　案例基本信息**

| 案例名称 | 美国夏威夷 eMSS 教师在线学习项目 |
|---|---|
| 实施地区 | 美国 |
| 实施时间 | 2002 年 |
| 主要实施者 | 美国国家科学基金会(NSF)、美国科学教师协会(NSTA)、加州大学圣克鲁兹分校(UCSC)新任教师中心(NTC)、蒙大拿州立大学科学/数学资源中心(MSU) |
| 实施对象 | 中学新任教师 |

### 二、案例概述

促进学生成功的教师在线指导系统(e-Mentoring for Student Success，eMSS)是教师在线学习的一个著名项目，该项目始于 2002 年，是一项由正式机构开发的专门为中学新任科学和数学教师专业发展提供专家指导的在线教师指导项目。它是在美国国家科学基金会(NSF)批准资助下，由美国科学教师协会(NSTA)、加州大学圣克鲁兹分校(UCSC)新任教师中心(NTC)、蒙大拿州立大学科学/数学资源中心(MSU)三方共同合作开发的为中学新任科学教师(现又拓展至数学学科)提供专家指导的在线学习环境。

eMSS项目的目标是确保所有eMSS项目的新任数学、科学和特殊教育教师有适合自己的资源和经验丰富的指导者来促进他们的教学质量的提高，从而促进学生学业成绩的提高。为了发展这个项目，每一位新教师都有一名来自同样年级和学科的导师对其进行指导。导师与新教师一起选择教学内容和教学方法。新教师与其他导师和被指导者合作，并且有规律地与大学教师交流。

在夏威夷州，eMSS项目由地方教育部门的人力资源办公室(the Department of Education's Office of Human Resources)和课程指导与支持办公室(the Office of Curriculum Instruction and Support)合作管理运行。人力资源办公室提供州范围内的新教师指导服务，而课程指导与支持办公室负责发展和实施州范围内的课程指导策略及计划。夏威夷州的eMSS项目是按照五个在线环境、三个实施阶段来进行的。但是，根据夏威夷州实际情况的不同(如州中小学学生学业情况、新教师需求数量等)，项目在具体实施中具有本州的特色。

## 三、案例实施与推进

### (一)实施背景

在科学、数学和技术领域始终保持卓越是美国一直以来的追求，这种追求在教育中的反映便是对优质的科学教育和数学教育的高度重视。但是，通过对科学教师的研究发现，很多科学教师没有任教学科的相关学位，缺乏内容知识和课堂教学技能。教师的培训和继续任教因此成为科学教育领域一个非常重要的问题。

在美国，新教师的入职培训和继续任教始终是教师专业发展研究备受关注的议题。因为美国教师的流失情况非常严重，差不多33%的新教师在工作的前3年离职，到工作的前5年，离职的教师数量甚至占50%。特别是近几年美国的退休教师人数众多，而与此同时却有越来越多的学生进入学校，并且班级规模也在逐步缩小。在这种情况下，未来20年美国大约需要招募一半的教师。因而，如何使新教师满足《不让一个孩子掉队》法案中对教师提出的高质量要求，成为一个摆在教师教育者面前的重大挑战。①

2007 年相关数据统计显示，夏威夷州拥有 42 所初中，47 所高中。该州地处美国南部，占地面积 16 705 平方公里，人口 1 360 301 人。在美国，招募和补充高质量的初中和高中新教师是一个普遍性的、全国性的问题，夏威夷州也不例外。2006 年 8 月美国国家教育部门中小学教育司的助理大臣亨利 · 约翰逊(Henny Johnson)在给夏威夷州教育厅长的信中提到，为了实现《不让一个孩子掉队》法案中提出的，到 2014 年每位学生都能达到其年级水平的阅读和数学合格标准，我们必须继续努力确保每位学生都能拥有优质、高效的教师。埃米 · 希曼莫托(Amy Shimamofo)是夏威夷州教育当局入职、指导和专业发展方面的教育专家，他认为改善新任科学教师的留任情况，为其提供更好的入职支持是必需的。

2006 年年初，埃米 · 希曼莫托与加利福尼亚州圣克鲁斯大学新任教师中心取得联系，并从中了解到了 eMSS 项目的相关信息。在综合考虑夏威夷州的实际情况后，埃米认为 eMSS 项目十分符合本州新任科学教师专业发展需要，并对项目做了四点评价：在年级水平及科学规律之上，提供基于科学的新教师指导支持；最好的实习教师入职和指导策略；对教师来说，可以方便地获得超越地域限制的课程和全国性的资源；对于偏远地区的那些拥有个人导师机会受限的新任科学教师来说，该计划是卓越的。埃米对 eMSS 项目的关注和评价得到了夏威夷州教育当局的认可，自 2006 年秋季起，夏威夷州便开始正式推行 eMSS 项目，并于 2007 年被正式纳入《夏威夷州高质量教师计划》之中。项目最初只是用来促进新任科学教师的专业发展，随着 eMSS 项目自身及项目在夏威夷州的推广，新任数学教师专业发展的 eMSS 项目已经从 2009—2010 学年开始正式实施，特殊教育新教师的专业发展也将逐渐纳入夏威夷州 eMSS 项目实施计划之中，成为《夏威夷州高质量教师计划》的一部分。夏威夷州教育当局旨在通过 eMSS 项目，使新老教师和科学家在一个交互式的专业发展共同体中相互合作，以推动信息、观点和经验的交流，从而对全州学生的科学教育质量起着推动作用。

---

① 王美，任友群．美国 eMSS 教师在线学习项目述评[J]．远程教育杂志，2009，27(1)：55-59.

### (二)实施方案

eMSS项目分三个阶段进行，如图4-3所示。第一、二阶段是支持培训和导师培训阶段，这两阶段属于eMSS项目实施的前期准备阶段。第三阶段是eMSS项目的核心阶段，在本阶段中，项目促进者、科学家、导师和新教师将共同组成不同层次上的专业发展共同体。新教师可以通过一对一的指导、学科教学探究、学科内容探究以及专家互动和诊断性资源五种手段，在这样一个共同体中进行教学、学科知识等方面的分享与交流，从而促进其专业发展。夏威夷州因地制宜地发展eMSS项目，对eMSS项目过程做了一点改变，包括需要被指导者，即新教师加入关于被指导者的目标定位和发展数据的收集中。对所有参与者进行参与eMSS项目前后的调查，以获得eMSS项目影响的客观测量数据。

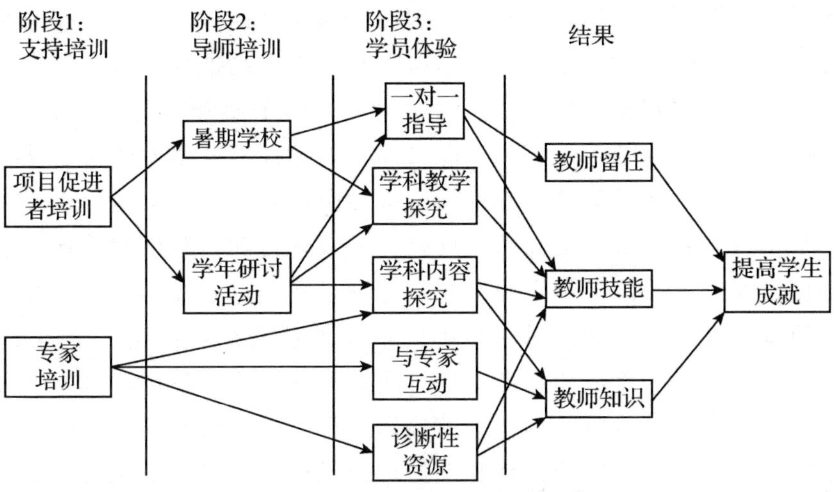


**图4-3 eMSS项目的逻辑模型**①

1. 培训阶段

(1)支持培训阶段

夏威夷州地方教育部门的人力资源办公室同课程指导与支持办公室一道，与新任教师中心合作，根据eMSS项目对项目促进者的准入标准来从本州项目导师中选出作为eMSS项目的协调员，即项目促进者。夏威夷州发现通过项目促进者引导导师和被指导者进行定期的面对面交流以及通过与学科专家互动来促进新教师对任教学科内容的理解与深入探

① 王美，任友群．美国eMSS教师在线学习项目述评[J]．远程教育杂志，2009，27(1)：55-59.

索是十分有益的。

夏威夷州项目促进者负责检查导师的在线申请过程，招募新教师参加计划，导师与学科专家的选择，导师与被指导者配对，以及持续的计划测量与评价。同时，项目促进者还要积极进行导师和被指导者配对工作，当遭遇挑战或利害关系时要进行积极干预。选出的项目促进者将与其他州 eMSS 项目促进者一起参加每年 5 月举行的为期三周的在线促进者统一培训。

(2)导师培训阶段

导师培训课程基于新导师专业发展标准对导师进行以探究实践、自评、反思为手段的导师培训。培训以调查实践为前提，培养新导师对新教师的指导技能。夏威夷州 eMSS 项目为导师培训专门开设了两种不同层次的导师课程，分别是新导师课程和中级导师课程。新导师培训课程是针对刚从有经验的中小学相应学科教师中选出的准导师而设置的，而中级导师培训课程是向已经担任过导师角色的有经验的导师而开设的。每个层次的课程包括两个部分，即暑期学院和面对面学术研讨活动。从实施形式来看，新导师培训课程和中级导师培训课程的实施形式是一样的，都是以自我评价、探究以及反思的形式进行的，其中对导师专业发展的评价项目的阶段标准也是完全一样的，不同的是在具体的探究内容及反思提要和主题方面。对新导师的培训重点放在对在线平台的熟悉，了解 eMSS 项目的目标和理念，学习建立信任关系的技巧，以及培养其在在线环境中有效倾听和反应的策略运用等。而中级导师的培训更加注重导师对在线探究活动的设计和维持，以及运用各种分析工具对对话交流进行分析的能力培养和提高。

2010—2011 年夏威夷州 eMSS 项目导师培训课程的内容对于新导师和中级导师来说，暑期学院课程都有三个学分，都会在课程培训前为其提供一个包含所有课程信息的文件包。文件包课程将为导师提供以下几个方面的服务：一是为导师提供许多探索、拓展、展示和反思自己所学的机会；二是导师将有机会与大学组织交流观点，得到大学组织提供的训练、指导以及与大学组织合作的机会；三是为新教师提供综合性的理论与实践知识；四是以论坛的形式为参与者，即导师提供一个探讨想法、观点的支持性环境；五是通过专门的评价标准来评价导师的课程学习情况，以促进其更快地成长；六是赋予参与者拥有和修改的权利；七是赋予参与者学习的权利；八是延长专业发展时间，以获得教学和学习上更明显的进步；九是使参与者通过申请获得与学生一起进行专业学习的机会；十是提供促进学生学习的有效策略、过程、计划、方法、技术或材料。

(3)新教师在线专业发展阶段

新教师在线专业发展是 eMSS 项目实施的核心环节。目前夏威夷州 eMSS 项目已经开通对新任科学教师及新任数学教师的在线指导子项目。项目立足本州实际情况，从新教师的实际问题出发来展开实施。在夏威夷州，新教师仍旧需要面对本州独有的生存高成本和文化多样性问题，这些问题直接影响了新教师的招募和保持问题。因此，夏威夷州教育当局认为“通过保持新任科学教师，并促进他们在课堂上的有效性，同时也促进学生的学习和成功——这是任何教育计划的初级目标”。而这样一种新教师保持策略必须是基于新教师直接需求的。

2. 在线空间

eMSS 项目的在线空间主要有四个区域：一对一空间、教学探究区、内容讨论区以及面向导师的在线研讨活动。

(1)一对一空间

eMSS 项目会根据每个新教师的执教年级、学科、专业发展水平以及所在州的情况，为其配备一位具有执教同一学科、同一年级的经验丰富的教师作为“导师”，他们一起以同步或异步的方式参加 eMSS 项目在线活动，其中“一对一空间”是专门为每对“导师—新教师”开辟的私人对话空间，导师在其中与新教师展开有关教学及学科内容方面的对话。该区域是 eMSS 项目在线平台最基本的活动空间，它保障了“导师—新教师”这一最基本、最重要的关系的稳定发展，同时也使这里成为交互最集中的区域。

(2)教学探究区

该区域主要围绕教学方面的话题展开讨论和探究，它定期推出不同的讨论话题，包括“学生行为管理”“有效实验室”“学生理解分析”“课例设计”“多样性”等。话题的选择通常以新教师的专业发展水平与需求为基础，由新教师和导师商议决定。执教第一年的教师主要选择课堂教学程序、备课、有效实验室等方面的话题；执教第二年的教师主要聚焦设计挑战、关注学生的理解、技术与教学的整合等话题；执教第三年的教师则针对实时数据运用、引入科学文献、因材施教等方面的话题进行讨论。

教学探究区的讨论以学生的学习成就为根本目标，以教师专业发展标准和内容标准为核心准则，“计划—实施—反思”每三个环节构成了“教学探究”的一次循环，如图 4-4 所示。其中，在“计划”环节，导师和新教师一起就选定的教学话题进行计划、设计或修改；随后，新教师在课堂上实施教学；最后，新教师回到“教学探究区”与导师共同对计划及其实施进行反思、分析，并进行修改，进而讨论下一步的教学行动。导师和新教师还可以将相关话题的讨论拓展至 eMSS 项目的在线共同体，向其他导师、新教师、科学研究者提出问题，分享观点等，这样新教师得到的支持不仅仅限于配对的导师，整个 eMSS 项目在线网络都可以为其提供更大范围的支持。

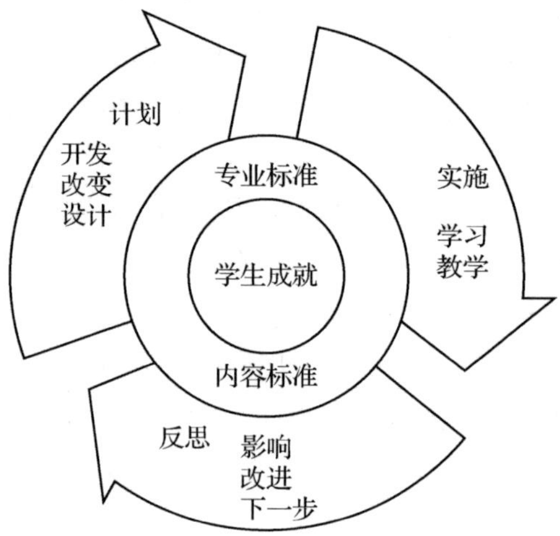


**图 4-4 eMSS 项目的“教学探究”循环示意图**①

(3)内容讨论区

eMSS 项目认为，从促进学生成功地学习科学这一目标来看，仅有这些一般性的知识与技能还是远远不够的，教师需要更多的关于科学知识和科学教学法方面的支持，基于内容的培训才能够拓展新教师对科学和学科教学法的理解。因此，eMSS 项目特别促进新任科学教师进行两个方面的探究与发展：一是对科学内容的探究；二是对学生如何“想”(think)科学和如何“学”(learn)科学的探究。在教学探究区之外，eMSS 项目还根据不同的学科特别开辟了内容讨论区。

① 王美，任友群．美国 eMSS 教师在线学习项目述评[J]．远程教育杂志，2009，27(1)：55-59.

(4)面向导师的在线研讨活动

eMSS项目的导师主要是从有经验的科学教师中招募而来，通常具有中学科学教学方面的经历、较强的内容领域知识、执教示范课以及参与教育领导的经验，对在线学习有浓厚的兴趣。尽管如此，eMSS项目还是非常重视对导师的培训，认为导师的专业发展也是eMSS项目的重要组成部分，并将导师的持续参与看作项目成功的关键。为了给导师提供持续支持，eMSS项目开辟了一个导师论坛，以组织面向导师的在线研讨活动。

**(三)实施效果**

eMSS项目以其灵活、方便的优势，使新教师和导师可以在任何时间、任何地点，通过登录网络参与eMSS项目讨论和探究活动。它从实质上拓展了该州新教师的专业发展路径，打破了新教师专业发展的时空瓶颈，不管地域有多偏僻，只要是网络覆盖的区域，新教师都能够享有同样质量的在线指导。同时，其资源的丰富性也为新教师解决在教学和学科内容方面面临的极具挑战性的问题提供了可靠保障。2008年夏威夷州eMSS项目已经为该州指导了48名新任中学科学教师和41名较有经验的科学教学导师，2009—2010年，eMSS项目又成功指导了50名新任科学教师和48名新任中学数学教师。随着在指导新教师方面取得的成功经验，夏威夷州正在促进eMSS项目中指导者与被指导者的互动交流，力图将视频技术引进项目来促进交流。

## 四、案例特点与创新

**(一)案例特点**

1. 聚焦特定学科内容和针对性的教法，而非一般教学法

eMSS项目既引入了内容方面的专家(科学家)，又引入了学科教学法方面的专家(经验丰富的科学教师)，而且对特定学科的教学探究也始终面向新教师的实际教学，这为加深教师对特定内容及其教学法的理解提供了充分的支持。

2. 学徒制与在线共同体的巧妙结合

eMSS项目将学徒制与在线共同体巧妙地结合起来，一方面坚持导师指导在新教师专业发展中的关键作用，另一方面利用在线共同体这一新模式，既保证了从新教师的个体发展需求出发，为其提供一对一的个性化指导和

持续性支持，又为新教师、导师、科学家之间的相互交流、协作学习提供了空间。目前，传统的师徒制依然是我国教师学习与专业发展的重要形式，但随着技术的发展尤其是支持协作式交互的学习环境的开发，探索一条将传统的教师学习模式与现代信息技术相结合的新途径愈加重要。在这方面，eMSS项目有望成为一个可供借鉴的成功模式。

3. 以学生的学习成功为根本目标

eMSS项目认为有效的教师学习项目应该把学生的学习置于首要位置。在项目实践中，它引入有经验的科学教师和科学家来帮助新教师教好科学，以学生学习的内容标准作为教师培训的重要依据，以有关学生学习的研究为基础来探讨最佳的科学教育实践，以教师为学生提供的学习机会来评判教师实践改进的程度，这一切的最终指向都是学生科学学习的成功。eMSS项目以学生的学习成功为根本旨归，却不以此作为评价教师专业发展的唯一标准。

4. 重视导师、科学家与项目促进者的领导力培训

在eMSS项目中，导师、内容专家和项目促进者构成了一个具有分布式专长的在线共同体，为新教师提供了内容、教学法、情感等方面的支撑，是新教师专业发展进程中重要的脚手架，他们的指导能力和水平在很大程度上决定着新教师专业发展的质量以及整个项目的质量。eMSS项目极为重视对导师、科学家与项目促进者的领导力培训，除了上述为导师提供的各种研讨活动和专业发展机会外，还对参与项目的科学家进行有关教学法和在线交互方面的培训，引导他们不仅要回答教师的问题，而且要带动教师去探索、质疑、学习科学领域内的关键原则和最新研究进展，与他们建立起良好的互动关系。

**(二)案例创新点**

1. 完善的评价体系

完善的评价体系是项目不断发展改进的保证。eMSS项目的评价体系是较为完善的，它分为内部评价和外部评价两种形式。内部评价充分调动新教师的主体能动性，通过导师作用引导他们对自己的专业发展进行反思，同时也培养了新教师总结归纳和反思的习惯，培养了新教师自我专业发展的能力。外部评价避免了项目内人员评价的主观盲目性，其评价的专业性和客观性都会更高。内外部评价结合的评价体系为eMSS项目提供了精准的项目实施现状报告，使新教师可以清楚地看到自己的

进步与不足，从而激发他们对自己教学问题深入探究的激情，也使项目改进有章可依。

2. 有力的外部支持——政策、机构和资金支持

美国教育改革往往是以政策为导向，通过社会参与来推动的。一系列关于促进学生学业成功、促进教师专业发展的相关法案的颁布，一方面证明了美国对当前教育存在问题的清醒认识，另一方面也可以看出美国教育法律制度的完善。完善的教育法律政策，为新教师专业发展指明了方向，使 eMSS 项目能够目标明确，切合教育实际地发展起来。另外，eMSS 项目得以顺利展开也是受到了来自美国国家科学基金会的资金资助，并且 eMSS 项目是由美国科学教师协会、加州大学圣克鲁兹分校新任教师中心、蒙大拿州立大学科学/数学资源中心三方耗时五年共同开发的。美国教育机构及社会人士对 eMSS 项目的关注与支持，一方面说明了项目本身是适应新教师专业发展需要的，是具有重要实践意义的；另一方面也可以看出新教师专业发展不仅仅是教师专业发展学校、国家政府的责任，更多人群和社会机构的介入会使社会更好地承担起促进教育发展的功能，促进社会公民的教育意识和知识素养提高的功能，从而为 eMSS 项目的发展提供了保障。

## 五、案例经验与启示

### (一)以学生学习成绩为目标，关注教师个人价值的实现

教师是学生学习的指导者，在整个教学过程中起主导者的作用，其质量的高低直接影响到学生的学业成绩。研究证明，参与高质量教师教育和专业发展的经历可以促使教师信仰和知识的变化，并进而促使课堂行为的变化，最终促进学生更好地学习。对于新教师而言，对教学环境、教学内容和教学方法都需要一个适应的社会化过程，在这个过程中新教师可能会因为教学上不可避免的挫败感而产生对教师职业的“疑虑”，以及对自己理想与现实之间的“冲突”。而在这个过程中学生的学习成绩成了新教师不得不面临的问题，如果适应期很长，那必将影响到学生学习，因此这个阶段的教师主要还是以尽快适应、求生存为主进行专业适应。以学生学习成绩为目标导向的教师专业发展项目，可以从新教师在教学工作中遇到的实际问题入手，为新教师提供直接的、能够运用于自己课

堂教学的针对性指导，从而有利于新教师尽快缩短适应期。但是，教师专业发展应该是贯穿于职业生涯的，其发展不仅需要以学生的成功为动力，更需要以教师个体的自我价值实现为内在动力，在教学技能和学科知识上不断超越自我，这样才能形成教师专业发展的长效动力机制。

**(二)重视项目促进者、学科专家、导师的准入与专业发展**

在 eMSS 项目中，项目促进者、学科专家和导师与新教师组成了一个长期的在线专业发展共同体，为新教师提供教学、学科知识以及情感等各方面的支持，是新教师专业发展过程中的重要引导者。因此，项目促进者、学科专家和导师的指导能力将直接影响着新教师在线专业发展的成效以及整个 eMSS 项目的质量。而项目促进者、学科专家和导师的严格准入标准，能够提供优质、可靠的支持者与指导者队伍。另外，严格选出来的项目促进者、学科专家和导师并不是立马上岗就职的，他们都需要经过严格的培训，使其具备一定的指导能力时才能真正参与新教师的指导工作，这成为 eMSS 项目高质量实施的前提保障。在我国，教师在线专业发展项目已经有一定的发展，但指导者的准入标准并没有一个清晰的界定。同时，大中小学合作共建的教师在线专业发展项目已经有了一定的成功经验。比如，在首都师范大学、华东师范大学等著名教授指导下，设计开发的 VCM 教师专业发展平台，是目前我国较为先进的教师在线专业发展平台。但是，在实际运行中，也存在对指导教师及专家指导能力培养不足的情况，而且也不是专门针对某一学科新教师而设计的。

**(三)建立多层次在线专业发展共同体，激发新教师在线专业发展的主观能动性**

eMSS 项目为新教师建立了一个具有一对一指导、小组探究和广泛在线专业发展论坛三个层次结构的教师在线专业发展共同体，这不仅可以使新教师能够直接与导师进行有效的、针对性强的交流与互动，也为新教师提供了一个分享资源、合作互助的广阔平台。这种多层次的在线专业发展共同体有助于新教师实际问题的解决，也为新教师提供了广阔的教育视野。同时，合作互助也增强了新教师的职业认同感，大大激发了他们专业发展的主观能动性。另外，美国 eMSS 项目的一大特点是学科专家的参与。学科专家的参与不仅为新教师的学科知识探究带来了有效的指导，而且还沟通了中学和大学之间的联系，为新教师专业发展提供了更为广阔的交互平台和丰富的信息资源，这也为高校提供了一个了解中小学教育现状的机会，以为其改革发展提供参考。

目前，我国已经建成了全国中小学教师继续教育网、全国教师教育网络联盟，大部分省市也普遍建立了中小学继续教育网等相关的促进教师专业发展的门户网站。虽然这些都为新教师的专业发展提供了一定的支持，但通过仔细观察可以发现，这些网站主要是以向教师提供教育信息、教育资源为主的。另外，虽然有一些可以自由交流互动的在线专业发展论坛，但由于没有专门的专家指导及有效组织，普遍存在着指导没有针对性、指导关系不稳定、相互间缺乏信任感等情况，并不能真正解决实际问题，提高教师的专业及教学技能。同时，虽然也有一些从教师实际出发，强调互动交流的 VCM 教师专业发展平台，但也没有层次分明的教师在线专业发展共同体。因此，eMSS 项目的多层次教师专业发展共同体的构建理念值得我国参考。

**(四)明确评价标准，及时反馈效果**

规则标准就像一个国家的法律政策，对整个项目的正常运行起着指引与监控作用。在 eMSS 项目中，不论是对导师培训效果还是对新教师培训效果的检测，都有明确的评价标准，其评价标准分为文件包课程必要项目、质量、对学生学习结果的影响、反思效果、提要、专业发展内容或按照规定申请的专业发展活动目标六个方面，且项目对每一个方面的评价都分为不能得到学分、基本达到要求、精通、优秀四个评价层级。另外，eMSS 项目借助其网络无时空限制、高效便捷的使用特点，使得评价更加及时和简便。eMSS 项目的评价分为过程性评价和终结性评价两种。eMSS 项目明确的评价标准和及时的效果反馈不仅确保了项目的顺利进行，提高了培训效果，而且能够使导师和新教师对自己的状况有明确清晰的认识，对自己存在的问题进行深入的思考和探究，从而促进新教师专业发展能力的提高。

在我国，大多数项目的新教师在线专业发展的评估还是以他评的方式为主，教师向导师在线提交作业，导师根据作业质量给出相应分数，以此为依据来评价教师在线培训效果。不难看出，这种评价方式其实是将传统的终结性评价搬上了虚拟平台，是一种换汤不换药的做法，这不仅不能得到更有效的客观评价，而且使教师处于被动地位，其参与发展的主观能动性很低。因此，加强新教师在线专业发展评价标准的建设与细化，以过程性评价和终结性评价相结合的形式展开，注重教师的自我反思，无论是对新教师入职期的专业发展还是其整个职业生涯的专业发展都是十分有利的。

# 第三节　英国中小学信息化领导力提升项目

## 一、基本信息

表 4-4 概括了本案例的基本信息。

**表 4-4　案例基本信息**

| 案例名称 | 英国中小学信息化领导力提升项目 |
|---|---|
| 实施地区 | 英国 |
| 实施时间 | 2002 年 |
| 主要实施者 | 英国国家学校领导学院(NCSL)和教育传播与技术署(Becta) |
| 实施对象 | 中小学的学校领导和教育政策制定者 |
| 相关网址 | https：//www. gov. uk/government/publications/international-leadership-development-in-education |

## 二、案例概述

2002 年，英国国家学校领导学院和教育传播与技术署合作开发了国际 ICT 战略领导力计划/项目(International Strategic Leadership of ICT，I-SLICT)，这是一项具有国际水平的学校 ICT 战略领导力提升计划，其持续时间长达 8 年，足迹遍布全球多个国家，在世界学校信息化领导力提升项目中影响较为深远。

I-SLICT 项目面向全世界，服务于那些寻求专业技能发展和希望了解新技术在教育中的应用潜力的学校领导和教育政策制定者，旨在让学员通过探索 ICT 的创新应用是如何转变课程、教学、学校管理以及最为核心的学习者的经验，拓展学员的个人与专业技能，最终帮助学员形成学校信息化发展的愿景和规划，引领学校发展。

## 三、案例实施与推进

### (一)实施背景

相关统计数据显示，2007 年英国小学的生机比为 6.6∶1，中学的生机比为3.6∶1，几乎所有的学校都能连接互联网。英国在基础教育信息化方面的投资也在逐年增加，2006—2007年度投资达到7.41亿英镑，但是未取得良好的效果。英国的教育界人士在思考影响教育信息化应用的诸多因素，作为影响因素的重要组成部分，学校领导者的信息化领导力逐渐得到了关注。在英国提出的电子化成熟学校概念中，很重要的一项就是需要学校领导者依照电子化成熟学校的标准开发相关的学校信息化发展策略，同时对学校领导者所应具备的相应能力，也做出了较为明确的规定。在这种大势所趋的背景下，校长信息化领导力SLICT项目应运而生。①

**(二)实施方案**

1. 培训模块

I-SLICT项目主要为学员提供四个内容模块，并在每个内容模块下设置了一系列恰当的学习活动。详细信息如表4-5所示。

**表4-5　I-SLICT项目内容模块**

| 内容模块 | 课程内容和学习活动 |
|---|---|
| 规划下一代学习的愿景(Developing the vision for next generation learning) | (1)学员对自己所在的学校进行系统化和结构化的自我评估活动，检测学校信息化的发展水平与现状<br>(2)分享和讨论评估结果<br>(3)在课程中进一步探讨评估结果<br>(4)简要了解英国教育体系、教育信息化的发展，探索信息技术对学习的影响的相关国际研究 |
| 信息化自信学校(The e-confident school) | (1)提供了解杰出学校的资料并思考、在线讨论<br>(2)探索信息化自信学校(The e-confident school)的概念以及该学校和学生、教师与辅导的特点<br>(3)为学员介绍I-SLICT学习与课程模型<br>(4)学员协作，为其所在的学校规划信息化自信学校(The e-confident school)愿景，并就从实地考察所获得的重要信息达成一致 |

① 陈吉利，刘向永．提升校长的"推手"效能——SLICT项目启示录[J]．中小学信息技术教育，2008(11)：63-64.

续表

| 内容模块 | 课程内容和学习活动 |
| --- | --- |
| 引领变革与规划影响(Learning change and planning impact) | (1)领导如何使用技术触发有效学习，包括专业知识、能力的构建、对职员的理解、在教师与学生间建立信心等<br>(2)校长在领导信息化管理中的角色<br>(3)关注近期技术的发展，如为学校领导提供信息的数据分析工具，使教师能够学到更多技术与方法的课程视频，帮助学生获取知识与技能的交互软件<br>(4)将如何利用技术提高效率整合到教师发展，业务变革、管理、监督和评价的战略大纲与项目计划中 |
| 下一代学习的下一代技术(Next generation technologies for next generation learning) | (1)学员探索与体验前沿和未来潜在的技术<br>(2)学员修改愿景，考虑未来20年，技术可能对教学产生的显著影响<br>(3)学员小组协作，集思广益，制定最后的学校信息化蓝图，并接受批评指正<br>(4)学员将所学理论知识与经验应用于其所在学校的未来规划中，制定长期、短期的目标与行动措施 |

2. 培训与评价方式

I-SLICT 项目包括在线入门培训(1 个月)和集中面授课程(1 周)两个部分。在近 1 个月的在线入门培训阶段，项目通过其开发的 Talk2Learn 网络平台发布英国教育体系及教育信息化发展的相关背景知识材料，供学员阅读，并通过督促学员完成自我评估，设定个人学习目标，为集中培训阶段奠定基础。为促进学员的相互了解，该阶段设置在线讨论环节，进一步加深学员对知识的记忆与理解。而为期一周的集中培训阶段的学习活动，包含了专家领导的战略研讨会、对杰出学校的实地考察、ICT 有效运用的实例讲解、与领先技术供应商的合作和使用多种在线资源与学习网络等环节。两个培训阶段所包含的四个内容模块都采用交互式、小组协作、在线协作等多种教学方法，并给学员创设将自身所在学校的实际与理论相结合的机会。I-SLICT 项目完全采用开放式的评价方式，在培训前，学员需要完成关于其所在学校的学校信息化建设情况的在线自我评估。在培训过程中，制定学校信息化愿景(蓝图)和规划的任务贯穿整个培训，每个阶段的学习完成后，学员必须将所学知识与经验结合到制定学校信息化愿景与规划的实践中，并分享和讨论实践成果，即对每个阶段的学习效果作开放性的互评。另外，学员需要在博客上记录学习体会或总结，作为学习凭证之一。

3. 保障措施与成效

专业化的组织、稳定的资金来源和权威的认证方式全面保障了 I-SLICT 项目的顺利实施。英国国家学校领导学院和教育传播与技术署的权威性与专业性为 I-SLICT 项目的质量和规模提供了一定的保障。每个学员或机构自行承担参与培训所需要的费用，这是支持该项目持续开展的稳定的资金来源。英国国家学校领导学院为每个成功结业的学员颁发国家领导力学院证书，在一定程度上鼓励了参与者的积极性，保证了项目实施的效果。同时英国国家学校领导学院基于国际上教育信息化领导力的相关研究，组织专家研制出了适用于项目实施的评价框架——国际学校领导力标准(International School Leadership Standards)，并开发了 SLICT 模型来指导和支撑项目的实施，如图 4-5 所示。该模型以资源、教学法、组织机构为中心，以愿景、实施和修订为三个主要环节，并细化了每个环节的核心要求或举措，几乎囊括了学校信息化建设的主要内容。培训课程设置了与模型对应的相关内容和活动，如愿景的制定、学校信息化自我评估活动等。该模型没有设定起点，易操作，使用者可从任意

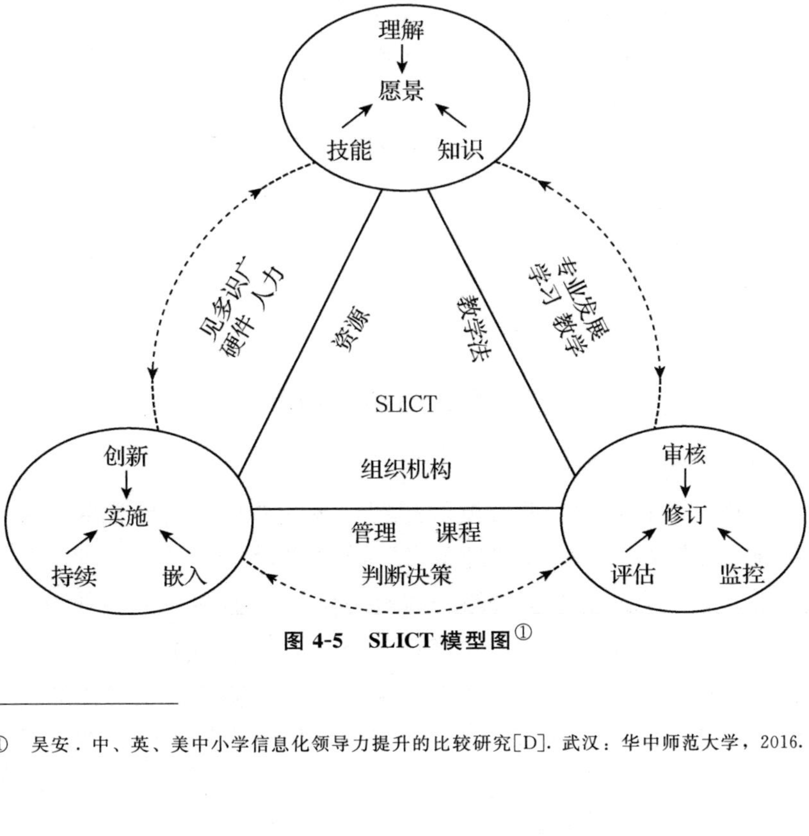


**图 4-5　SLICT 模型图**[①]

① 吴安．中、英、美中小学信息化领导力提升的比较研究[D]．武汉：华中师范大学，2016.

起点开始，并可以在培训中和培训后进一步细化该模型的内容。SLICT模型为项目的内容设计与活动开展提供了指导框架，且便于学员在培训后参考并指导其具体的实践，也在一定程度上为项目的实施提供了支持与保障。

面向信息化的领导力主要包括三方面：愿景、应用和评估。其中，“愿景”包括领导者应该具有进行规划所需要的技能和知识，并让所有成员理解规划的重要性。“应用”包括教育信息化如何进行创新，如何把信息技术整合到教与学的过程中，如何持续有效地应用信息技术提升学生和教师的生命质量等。“评估”包括对资源的审查，对建设情况的评价以及应用情况的监督等。在此基础上，当前的信息化要求领导者具有决断力和专业水准。要达到这个要求，领导者要关注教育信息化中的六个要素：硬件资源、人力资源、学习、教学、管理、课程。同时，只有英国国家学校领导学院还为不同职业阶段的中小学领导者提供了面向信息化的领导力培训。

### (三)实施效果

2000 年以来，超过 150 000 名学校领导参与并受益于 I-SLICT 项目。截至 2007 年，英国 40%的学校领导都参与过该项目，且该项目的足迹遍布亚洲、中东和欧洲等地的多个国家，有超过 100 000 名学员参与该项目，I-SLICT 项目为许多国家的学校信息化领导力发展提供了强有力的支持。目前，I-SLICT 项目的两位主要负责人在参与教育信息技术开发计划(the Exploiting Information Technology in Education，EXite)，持续为学校信息化领导力提升提供支持计划。

## 四、案例特点与创新

### (一)案例特点

英国政府将信息技术视为英国教育改革的核心。近十几年来，为了促进英国基础教育信息化的快速发展，英国先后出台了多个教育信息化发展战略。第一是高度重视战略：为教育领导者提供 ICT 领导力发展培训，提升教育领导者和管理者的信息化领导力，鼓励类似于国家学校领导学院的权威机构提供包含信息化技能和 ICT 战略实施内容的领导力提升项目，并号召合作机构共同研发学校信息化建设的在线自我评估框架和建立专门的同行协作网络，促进信息化实践成功经验的分享，加强跨校合作。第二是全方位支持战略：动员技术领导力，构建一个信息化自信体系（E-Confident System），在这个体系中，学校、家长、学生和政府机构等相关利益者能利用技术进行自我提升。第三是逐步完善战略：技术领导力是重要保障，实施领导力提升项目、完善“技术领导力冠军”学习网络等举措以保障学校领导团队对技术促进学习的有效领导。

英国是世界上拥有最完整的教育领导发展和支持体系的国家之一，具有多个官方与非官方的机构支持和保障其学校信息化领导力的提升。英国教育传播与技术署不仅在教育信息化政策中明确教育信息化领导的战略性地位，规划教育信息化领导的发展任务和具体措施，而且作为主导机构联合其他相关组织实施包括学校信息化领导力提升在内的多个教育信息化建设项目，建设信息化领导力发展的网络，制定领导力评价标准和适用于学校领导的信息化建设自我评估框架。2013 年，英国国家学校领导学院更名为英国国家教学与领导学院（NCTL），成为英国教育部门在教育领导力发展方面的执行机构，旨在为中小学、大学、儿童中心和儿童服务的领导者提供最高质量的专业发展、战略计划，其发起的国家级教育领导力项目有多个包含了信息化领导力提升的内容，支持校长和其他学校领导的技术战略领导，以提升组织绩效和促进组织变革。

**（二）案例创新点**

1. 混合学习方式

混合学习就是把传统学习方式的优势和数字化或网络化学习的优势结合起来，既要发挥教师的引导、启发作用，以及监控教学过程的主导作用，又要充分发挥学生作为学习主体的主动性、积极性和创造性。I-SLICT 项目充分应用了混合学习的优势，提供了一种混合的学习环境供校长学习——既有网络论坛上的互动交流，也有面对面的现实交流；既有专家理论讲授，也有示范学习的实地考察。

2. 认证培训者

为了真正地达到培训效果，培训者的资质和能力是成功的关键。I-SLICT 项目采取全国学校领导力学院认证培训者资质的方式，利用完备的培训、考核等方式确认培训者的资质。这也是保证 I-SLICT 项目高质量完成的重要一环。

3. 示范学校考察

示范学校考察是I-SLICT项目非常重要的部分。在对示范学校进行考察的过程中，校长不仅能够了解示范学校的先进经验，而且有机会彼此加强交流，围绕示范学校的有关问题进行具体而深入的探讨，共同分享经验，迎接挑战。

4. 网络学习

I-SLICT项目只有4天是面对面的集中培训，其他时间都是通过网络来开展学习。I-SLICT项目为参与培训的校长提供了方便的网络学习社群，使他们能够有机会共同讨论基于ICT的教与学，以及管理与领导力等问题。

## 五、案例经验与启示

英国的I-SLICT项目是世界上比较少见的、独立的专门针对校长信息化领导力进行培训的项目，对于我国的校长信息化领导力培训颇具启示。

### (一)提高校长信息化领导力的重视程度，制定有关标准

若缺乏校长这一“推手”的支持，学校信息化绝对不会取得预期的效果。因此，从国家层面就需要努力提升校长信息化领导力的重要性，将其写入有关教育信息化的文件中。此外，制定相关的校长信息化领导力的标准也是有效推进校长信息化领导力建设的一个关键途径。我国教育部于2004年出台了《中小学教师教育技术能力标准(试行)》，其中包括管理人员教育技术标准，该标准从意识与态度、知识与技能、应用与创新、社会责任四个方面对学校管理人员提出了要求。但是，与英国学校信息化自我评估指标(SRF)对领导力的要求相比，我国的标准缺乏一定的可操作性，需要在如何推进学校信息化建设方面提出更为有效的、更为具体的策略。

### (二)引入信息技术，创新培训模式

I-SLICT项目所提出的混合式学习方式，符合当前的学习潮流。I-SLICT项目不但充分地利用了网络提供的有利条件，构建了网络虚拟社区，而且也提供了4天面对面的培训，特别是考察示范学校，对于校长来说，更加具有现实指导意义。I-SLICT项目不仅关注如何来做，而且通过“视野—反思—实施”三个方面来构建有效的培训流程，使学校领导者

能够真正提高认识，具备能力。反观我国目前所采用的校长培训模式，很多的都是讲座式的，缺乏网络支持。

在教育信息化不断纵深发展的进程中，如何提升校长的信息化领导水平越来越受到重视。然而，任何事物都不能仅仅停留在讨论、务虚之上，只有真正实践才能够在现实中发现问题，提炼经验。若想有效地提升我国的校长信息化领导力水平，就必须为此采取有效的行动，制定指导性文件，开展培训，开发资源。

## 第四节　芬兰教育部教师信息化能力培训

### 一、基本信息

表 4-6 概括了本案例的基本信息。

**表 4-6　案例基本信息**

| 案例名称 | 芬兰教育部教师信息化能力培训 |
|---|---|
| 实施地区 | 芬兰 |
| 实施时间 | 20 世纪 90 年代 |
| 主要实施者 | 芬兰教育部 |
| 相关网址 | http：//www.cedefop.europa.eu/en/news-and-press/news/vet-teachers-and-trainers-finland |

### 二、案例概述

芬兰教育部为配合“国家信息社会计划”(Information Society Programme)的实施，从 20 世纪 90 年代初开始积极推进芬兰“国家 ICT 战略”。在其 1995 年拟订的信息社会发展战略中，把“全体公民掌握和使用信息技术的能力”列为五大方针之一，提出“使每个芬兰公民掌握信息社会的基本技能”。2004 年芬兰教育部颁布了《2004—2006 为了教育和研究的信息社会计划》，进一步强调信息技术在教育、培训和研究中的运用，其中国家教育委员会提到将出台基础教育、高中教育及培训中的网络学习资源的质量标准。

芬兰是信息通信技术较发达的北欧国家，在信息社会的建设上，一直走在世界的前列。世界经济论坛发布的《2003年世界信息技术报告》表明，芬兰是排名第1位的信息技术国家。在2004年10月世界经济论坛发表的《2004年世界竞争力报告》中，芬兰连续3年仍然排名世界第1位。在瑞士《2006年国际竞争力报告》中，芬兰打造了世界上最有效率的国家创新体系。目前，芬兰在教育、科研方面均处于发达国家的前列，尤其是在学校学习的成果方面，其研究和产品开发方面的投入远高于其他国家。

芬兰所有官方的教师培训学校，分布在全国不同的城市，是大学教育学院的一部分，有非常悠久的历史。教师培训学校的经费来自教育部和大学，每所教师培训学校每年都会提交年度报告，但是政府并不对其实行年检或评估。芬兰教师ICT培训的基本目的是使教师对信息技术教育形成积极的态度，具备基本的ICT知识技能，掌握ICT在学习、教学和管理中的应用，能够充分利用信息技术提高自己的工作成效。

## 三、案例实施与推进

### (一)实施背景

人类已经开始进入信息技术时代，电脑、网络逐渐渗透到生活的各个方面。高度信息化是21世纪人类社会的显著特征之一，ICT已经成为衡量社会信息化的一个重要标志。信息化社会的发展对人的要求是具备与之相适应的素质，具备获取、存储和交流信息的能力。事实上，人们越来越倾向于把信息素养作为衡量一个人素质高低的标准，将其作为人的整体素质的一个重要组成部分。信息化专业人才的培养离不开现代化的信息技术教育，教育如何迎接信息化的挑战，已成为各国教育改革所关注的一个焦点。在全球范围内，目前世界各国都在寻找ICT与教育的最佳结合点，开始致力于中小学ICT的建设和应用，也有不少国家把教育改革的重点集中到调整本国教育的培养目标，制定信息技术教育方案，以适应信息化社会对人才新的质量标准的要求。

政府要求保障公共设施的信息化建设经费，优先考虑教育机构、图书馆和博物馆的信息化发展，明确了教育部门信息化的战略目标和资金保障原则，要求教育资金投入不低于国民生产总值的0.2%。对于教育部来说，要培养国民利用信息技术的技能，促进信息技术的应用，建立教育和研究的信息网络，鼓励教育工作者和学生积极学习信息技术，实现教育机构、大学和图书馆的信息化，使所有的人都能享有平等的教育和文化服务。

**(二)实施方案**

为了鼓励教师积极参加 ICT 培训，芬兰地方教育行政部门为教师信息化提供了多种形式的教育培训。芬兰教师信息培训方式包括集中培训班、轮训、研讨会、远程教育和网上培训等形式。芬兰政府对完成任务的教师颁发资格证书，给优秀的教师提供奖励，采取有效的方式鼓励教师参与 ICT 教育培训。

芬兰教师 ICT 培训主要分为三个阶段：第一阶段是培训教师掌握基本的计算机技能，理解 ICT 在教育中的使用原则；第二阶段是把 ICT 熟练应用于教育，要求教师在教学中能够根据教学目标熟练运用各种相关的软件和硬件；第三阶段是采用“教学协调制”，先对 10%左右的优秀骨干教师进行培训，把他们培养成为专业教学协调者，然后让他们为其他参加 ICT 培训的教师提供帮助。在芬兰，职业教育教师在培训中须取得相应的硕士学位，并修满 60 学分的教育课程。职教教师的 60 学分教育课程分布如图 4-6 所示。

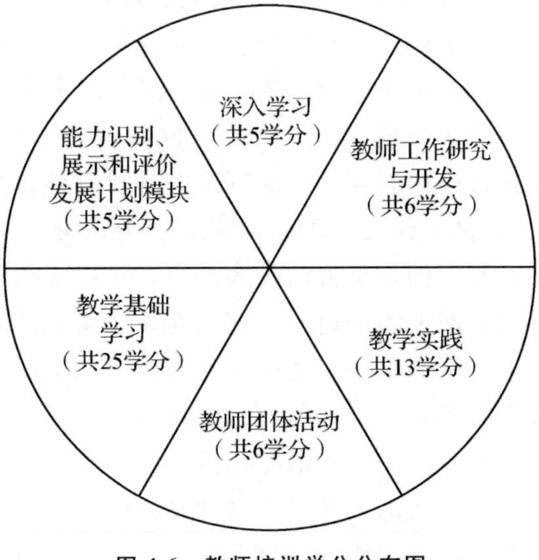


**图 4-6　教师培训学分分布图**

能力识别、展示和评价发展计划模块(5 学分)。被培训教师要熟悉职教教师能力域，借此识别自己的能力并分析职教教师工作中的能力域，然后要与自己的指导咨询师共同讨论制订个人发展计划。个人发展计划是开始学习的框架，指导着学习过程，并且作为能力评价的工具。被培训教师要与指导咨询师进行指导讨论，共同商定被培训教师展示其能力的方法，以此确定要进行何种教学活动。在学习开始时、学习过程中、学习结束时，被培训教师都要和指导咨询师进行指导讨论，这个过程也是对学习成果的评价过程。

教学基础学习(25 学分)。教学基础学习主要集中学习理论知识，是课程中其他学习的理论基础，目的是使实践教学与理论思考结合起来。它包括四个连接能力域的学习模块，分别为用以研究为导向的方法检验研究与开发的能力，工作中的学习，教学与学习，教育、社会与文化。通过该模块的学习，被培训教师能对日常数据和研究过程中的科学数据、研究准则、研究工具以及方法论等有总体的理解。

教师团体活动(6 学分)。这一学习模块主要集中于开发教师的集体意识和团体合作能力，始于教师培训中的工作和操作环境的能力识别，并与教学基础模块中工作汇总学习的部分相整合。与不同团体接触和合作的能力是职教教师的核心能力，所以在学习开始时，教师会分为几个组，每组 3～6 人，一起学习，共同完成联合作业。

教学实践(13 学分)。这一模块包括四部分：一是指导、咨询与教学模块的设计、实施和评价。这一部分大概有 20 小时的课时，主要是以被培训教师的需求为导向的方法，在不同的情境下设计、实施教学，指导学生以及评价自己的教学。二是观摩并评价其他教师的教学，时间大概为 25 小时。三是工作场所的团队合作。要求被培训教师在培训期间组织团体讨论，对不同教学方法发表观点，可以在被培训教师的教学工作场所，也可以在网上组织讨论。四是对教学实践的总体评价，即对每一个实施环节进行书面描述，每一个环节都有相应的评价标准。前两部分的评价以报告的形式提交，作为综合评价的一部分。

教师工作研究与开发(6 学分)。主要集中于教师的研究、开发能力，是识别教师能力模块的延续，与教师团队能力密切相关。研究与开发活动是被培训教师日常工作的一部分。每位被培训教师与自己的指导咨询师讨论研究活动的内容、方法和实施时间，记录在个人发展计划中。最后，从教师教学视角和工作生活视角对研究任务进行综合评价。在这个模块中，强调扩展被培训教师专业领域的能力。每一团队组织专业论坛，分享知识和实践经验。

深入学习(共 5 学分)。这一模块囊括在教师工作研究与开发模块之中，每一位被培训教师都要在一定的专业领域内加深能力。他们与自己的指导咨询师商议，如何完成个人发展计划中的深入学习部分，在专业论坛中与大家交流学习结果。深入学习主要集中在被培训教师教学发展的任何能力领域，被培训教师可以选择参加继续教育项目或者通过任何能力领域的学习活动来完成这一模块的学习。职教教师教育学院在该模块提供的学习领域包括：企业教育、工作生活指导、国外学习或国际网上教学。被培训教师和其他参与者可以组织论坛，交流实践中的知识和经验，论坛的形式可以和指导咨询师商定。

**(三)实施效果**

1. 教学中的 ICT 使用情况

教师在信息技术教育整个过程中是最基本、最主要的能动性因素。事实上，技术只有为人所掌握并使用才能转化为真正的教育“生产力”，仅有好的基础设施和信息资源，也不能发挥信息技术的功能。芬兰和欧盟国家使用电脑比例如表 4-7 所示。

**表 4-7　电脑使用比例**

| 类型 | 中小学教师使用网络教学 | 中小学教师脱机下教学 | 家中拥有电脑的教师 | 家中电脑联网的教师 |
|---|---|---|---|---|
| 芬兰 | 70% | 85% | 87% | 66% |
| 欧盟平均水平 | 45% | 70% | 88% | 77% |

表 4-7 说明了芬兰中小学教师在计算机和网络资源教学上的使用程度上比较高，70%的教师使用网络教学。同时，可以看到芬兰教师家中电脑联网方面要低于欧盟的平均水平，与在教学中计算机和网络较高的使用率形成一种对比。这也表明了芬兰把信息技术资源使用的重点放在了教育和教学上，计算机和网络资源在教育和教学中都得到较高的利用率。

制约教师使用网络教学的最主要原因是教室是否有网络连接，如表 4-8 所示。从欧盟和芬兰的整体情况来看，40%左右的教室没有网络连接，使得教师无法进行网络教学。表 4-8 也反映了芬兰教师在信息技术方面获得了大量的帮助，都有相应的技术支持。教师本身的信息素养较高，仅有 2%的教师不知道如何使用网络。

**表 4-8　芬兰教师不使用网络教学的主要原因**

| 类型 | 与课程无关 | 学校没有电脑 | 教室没有网络连接 | 不知道如何使用网络 | 没有技术支持 |
|---|---|---|---|---|---|
| 芬兰 | 13% | 7% | 40% | 2% | 0% |
| 欧盟平均水平 | 20% | 18% | 41% | 11% | 13% |

2. 教师的 ICT 培训

芬兰教师接受正式的计算机和网络培训的比例分别是 72%、60%，远远高于欧盟平均水平，如表 4-9 表示。芬兰教师信息化培训方式多种多样，具有较大灵活性。培训分为不同的层次，对于中小学的教师来说，主要是要求掌握 ICT 工具知识，具备相对稳定的 ICT 技能。芬兰政府要求到 2007 年全国至少有 75%的中小学教师已经掌握信息技术的知识并能运用于教学之中。

**表 4-9　教师接受正式计算机/网络培训的比例**

| 类型 | 计算机培训 | 网络培训 | 无培训 |
|---|---|---|---|
| 芬兰 | 72% | 60% | 27% |
| 欧盟平均水平 | 54% | 40% | 44% |

## 四、案例特点与创新

### (一)案例特点

20 世纪 90 年代以来，芬兰开始重视教师培训的专业性。1996 年，芬兰相关法律明确规定，职教教师教育要与五所应用科技大学联合开展。1999 年，芬兰统一了普通院校和职业学校的教师资格，对各类教育机构(基础教育、普通教育、职业学校和开放式成人教育机构)的教师同样要求修满不少于 60 个欧洲可转换学分的教育类课程，相当于全日制学习一年。因此，五所应用科技大学承担起对职教教师60学分的教育学习培训任务，不同学校可以根据情况，制订自主的学习计划和学习课程，以适应教师教育课程的改革。

芬兰职业教育机构的教师分为全职教师和兼职教师。全职教师分为正式资格和非正式资格的教师。大部分未取得正式资格的全职教师是由于未修满规定的教育类课程，如果他们能在三年内修满这些课程，职业教育机构也可以聘用这些未取得正式资格的教师。兼职教师必须取得正式资格才能进行教学。

**(二)案例创新点**

能力与个性化发展需求是师资培训的基本原则，体现了芬兰师资培训的主要价值思想，即根据教师个性化的发展需求制订个人发展计划，在计划实施过程中，不断修改补充，通过教学活动以达到教师能力的持续发展。

1. 以能力为基础原则

教育教学的基础是专业能力、与工作相关的能力和工作生活的技巧与知识、教学能力。在课程中，教学能力被分为三个能力域，分别为指导咨询与教学能力、集体工作和团队合作能力、研究开发能力。教师的学习开始于对自己能力的认识。在课程中分别检测三类能力域，也将作为教学评价的工具，考核被培训教师学习开始、学习过程中、学习结束时的能力发展。

2. 以需求为导向原则

在培训过程中，每一位被培训教师都会拥有指导咨询师，双方会根据被培训教师的需求和先前的学习成果，共同商定个人发展计划，整个个人发展计划不是一成不变的，会根据被培训教师的期望和新的学习成果进行相应地修改。

3. 以研究为导向

“研究导向的教师教育”一直是芬兰引以为豪的，也被认为是芬兰在测试中连续获得成功的一个关键要素。“研究导向的教师教育”强调研究知识是教师教育的基础，其目的是“使教师把他们的职业看作一个在智力上、社会上以及道德上都有挑战性的职业”，“培养对教师工作的研究态度并使之内化”。“研究导向的教师教育”强调教师的培养是在一个新的框架中进行的。它把学习看作持续的、综合的以及以学生为中心的，并且把合作和反思看作学习的机会。

## 五、案例经验与启示

### (一)促进教育公平，缩小教育地区差距

促进教育公平，缩小教育地区差距是芬兰ICT教育得以良好发展的保证。芬兰的教育信息化政策致力于让每个学生具备基本的信息技术使用能力，让每一位公民都能平等地享有信息资源和教育服务，促进基础教育的公平发展，从而促进整个教育的均衡发展。

目前，我国地区发展的差异问题依旧制约着全国中小学ICT教育的发展程度，导致信息技术发展出现失衡现象。据调查，广大农村和西部地区的中小学仍然没有机会完全享受到信息技术带来的便利。为此，国家和教育部应该继续加大对这些区域的资金支持和政策倾斜，各级地方政府应当把本地区的ICT建设提上日程，通过校园网和远程教育等信息技术系统建设来提高资源的共享使用。对于中西部地区来说，当地教育机构也需要总结本地区和其他地区的优秀发展经验，充分利用当前的信息技术条件来寻找合适的发展途径。另外，教育机构可以通过采取有效的管理措施和激励政策，营造应用信息化教学手段和工具的良好氛围。

### (二)重视教师培训

重视教师培训是芬兰ICT教育得以良好发展的关键。芬兰制定了关于教师的教育技术能力的标准或要求，以规范教师的职前培训和在职培训。地方教育行政部门为教师信息化提供了多种形式的教育培训。政府对完成任务的教师颁发资格证书，给优秀的教师提供奖励，采取有效的方式鼓励教师参与ICT教育培训。

# 第五节　澳大利亚21世纪教师能力提升计划

## 一、基本信息

表4-10概括了本案例的基本信息。

**表 4-10　案例基本信息**

| 案例名称 | 澳大利亚 21 世纪教师能力提升计划 |
|---|---|
| 实施地区 | 澳大利亚 |
| 实施时间 | 2000 年 |
| 主要实施者 | 澳大利亚联邦政府 |

## 二、案例概述

澳大利亚联邦政府于 1999 年出资创建了“面向 21 世纪的教师——开创不一样的未来”(Teachers for the 21st Century: Making the Difference)计划。该计划由联邦政府酝酿出台，资金筹备也由联邦政府承担。该计划将主要推动以下四个方面工作的开展：通过推动教师的专业发展和提升其专业水准来提高教学质量；促进学校管理人员专业技能的发展；支持高效化的学校管理；对优秀的学校、教师以及学校管理人员进行鉴定和奖励。该计划的重点针对对象是在十年前或更久之前接受培训和教育的教师、土著学生的教师、身处农村和偏远地区及欠发达城市的教师。

优秀教师计划由三部分组成：州和地区的计划；国家计划；对教师专业水准和学校领导水平的鉴定。该计划的发展规划大致包括：州和地区的教师专业发展规划；国家关于优秀教师事宜的战略规划。优秀教师计划还将对联邦政府设置的教师专业发展目标进行补充，并以此来巩固其在学校读写、计算、公民和市民教育、企业和职业教育以及禁毒教育方面的主动权。在整套计划统一理念的指导下，各州和地区因地制宜地制订了本州的相关计划和方案。

## 三、案例实施与推进

### (一)实施背景

澳大利亚作为一个联邦制国家，分为三级政府：联邦政府、州(领地)政府和地方政府。各州和地区肩负着教育管理的主要职能，包括人员编制、教师资格、基础设施和设备、资金，联邦政府则发挥着领导和预算的作用，与州和地区政府为一系列改革共同提供指导方针和财政支持。

因此，澳大利亚本身并没有国家规划。2008年，澳大利亚公布了面向基础教育领域的“数字教育革命”(Digital Education Revolution)。数字教育革命同全国统一课程的制定、第三级教育(包括高等教育、职业教育及培训)的全面改革共同构成全方位、多层次、高质量的“教育革命”，是澳大利亚朝着构建世界一流教育体系迈出的重要一步。

虽然州政府承担着实施教育的重担，但是澳大利亚有众多国家级的协会承担着各不相同的规划、组织、监督、评价的功能。其中最为突出的是澳大利亚政府委员会与教育、学前儿童发展和青年事务部长理事会(Ministerial Council for Education, Early Childhood Development and Youth Affairs, MCEECDYA)。

MCEECDYA是2009年7月在澳大利亚政府理事会颁布的协议下，由两个先前存在的理事会——教育、就业、培训和青年事务部长委员会(Ministerial Council on Education, Employment, Training and Youth Affairs, MCEETYA)和职业技术教育部长委员会(Ministerial Council for Vocational and Technical Education, MCVTE)调整职能组成的。其成员包含了澳大利亚及州和领地的部长，也包含了负责澳大利亚的教育、学前儿童发展和青年事务投资的部长。

MCEECDYA负责国家教育协调和政策发展，其职责涉及各个部分和各个层次教育的协调。澳大利亚政府通过MCEECDYA与各州磋商，其发布的政策文件代表了联邦政府和澳大利亚州、地区政府的协议。数字教育革命由联邦政府和MCEECDYA联合推进。进入21世纪以来，澳大利亚联邦政府在教育上的投入总体呈现下降趋势，迫使社会各界把目光由教育的投入转向教育的产出，即教育质量的显性提高。因此，把教育支出与学校及教师的最终表现联系起来，全面提升教育质量，成为新时期澳大利亚政府教育改革的目标。一方面是国际潮流的驱使，另一方面是国内形势的改变，在内外压力的双重作用下，联邦政府不得不将提高教师质量作为政策制定的首要考虑因素。澳大利亚政府的优秀教师计划自2000年正式实施延续至今，投入之巨、耗时之长使其毋庸置疑地成为最具影响力的政策之一，为教师教育改革指明了方向。

### （二）实施方案

1. 实施方式

参与执行优秀教师计划并经申请获得经费的组织必须与政府签署相关的经费使用合同。政府希望在经费使用合约的制约下，由各州和地区专门设置一个跨部门委员会，通过政府、天主教会、独立学校、教师专业协会以及各教育学院的院长相互协作的方式进行具体任务的分配和落实。在没有设置跨部门委员会的州和地区、政府、天主教会、独立学校可以通过推选代表自己一方的机构的方式来承担合同所规定的相关责任。

优秀教师计划所开展的活动方式的最显著特点就是不拘一格。该计划的开展依赖于多种方式的采纳，其中包括创办工作小组，进行行动研究、实验、咨询等。

2. 经费投入

2000 年，该计划正式启动。政府预算以 600 万澳元用于政策的推广，7 020 万澳元作为州和地区的活动经费，150 万澳元用于填补执行该计划中相关部门的耗费。从 2000—2003 年，政府共投入了 7 770 万澳元用于革新和提高教师的技能水准和理解能力。联邦政府依照各地学生人数来分配活动经费。

2003—2005 年间，总经费投入为 8 240 万澳元。政府还将继续提供 13 900 万澳元作为 2006—2009 年间的活动经费。目前，联邦政府在该项目上的投入已累计达 3 亿澳元，如此高的经费支出，使优秀教师计划足以成为澳大利亚国内促进教师专业发展的典范。

3. 优秀教师计划开展的活动

在计划形成之初，从优秀教师计划的大体框架上来看，主要包括六个方面的活动项目：州和地区的优秀教师计划、国家优秀教师信息交流项目、关于新教师的相关项目、针对土著学生的有效教学实验、教师专业水准的工作小组、专业教学水准的国家项目，政府后来又添加了亚洲语言专业学习项目、男孩教育相关研究等。

联邦政府规定优秀教师计划所开展的活动和项目必须符合以下一系列要求：清晰阐述活动目标和结果，适应学校和教师发展需求，考虑学校整体发展规划和地区网络建设执行相关的合作契约，加强教师在提高学生成绩方面的作用，平衡课程和教学发展事宜，推动各地特别是农村和偏远地区计算机网络活动的开展，促进教师专业发展并提供相关策略，评估和回顾已进行的活动过程，提供持续性而非一次性的教师专业发展活动。总体来看，这些活动可以规划为三大类：鉴定和促进教师专业发展的实践活动，协助该计划开展的相关评估性质活动，与教师专业发展、提升教师地位相关的研究活动。

**(三)实施效果**

第一，通过建立旨在提高教师专业水准的工作小组达到提升教学质量的目标。因此，优秀教师计划注重提高中小学教师在科学、读写和计算等科目上的专业水准。第二，给予全国教师越来越多的职后发展机会。第三，加强新教师培训并关注其角色转换过程。这个项目主要关注和研究新教师应该为即将面对的课堂做些什么准备、怎样准备、新教师的需求是什么等。第四，通过教学过程中多媒体技术使用的推广，使教学手段丰富化。第五，使土著学生所接受教学的质量得以提升，注重营造多元化的校园文化氛围。澳大利亚的文化多元性是由土著居民文化、早期的欧洲移民文化以及世界各地相继而来的移民文化所滋养融合而成的。政府十分注重保留这种文化的多元性。优秀教师计划专门出巨资用于土著居民教育策略的项目制订上。

## 四、案例特点与创新

**(一)案例特点**

1. 培养优质教师：教师教育改革的目标

“优质教师”“高质量教师”成为21世纪教师教育改革的共识。优质教师是一个历时性的动态概念，其内涵会随着社会的变迁、时代的发展而不断更新，因此“面向21世纪的教师——开创不一样的未来”不是一成不变的单个计划，而是一项极具复杂性的大规模、多维度的政策群。联邦政府、各州和地方政府、大学与中小学、各类教学机构、教师协会组织等相关利益部门都参与了该计划的制订与实施推广，具体途径包括开展多种多样的项目与活动，如专题会议、系列研讨会、专业咨询、实验调查、专家组讨论、行动学习与研究等。这一大型政策群的指向性非常明确，主要目的就是提升中小学教师的专业素质与职业地位，进而促进整个教师队伍质量的提高。该计划实施十多年来，改革目标也经历了细微的调整与变化，融入了提升教师信息技术能力、培养教师职业教育素养等与时俱进的内核。

2. 制定全国标准：提高教师质量的途径

2010 年，澳大利亚“职前教师教育课程国家认证项目”(National system for the accreditation of pre-service teacher education programs)的发布从国家层面对职前教师教育课程质量作了政策保障。这一认证方案是社会各界人士共同参与、周密研制的结果，促进了教师职业的专业化，表明教学像其他专业一样具有不可替代性。此外，国家级认证具有的权威性方便了师范毕业生的州际流动，保证了从业教师拥有较高的素养，有助于社会公众了解教师、相信教师、尊重教师，进而提升教师的社会公信力。

**(二)案例创新点**

1. 实施变革型教师专业化

国家的高度自上而下、由点到面立体式推进的变革型教师专业化发展显示了政府改革教师教育的决心、态度和行动，它不仅关注教师教育的结果，更重视教师工作的过程、目的以及其间的各种努力，是澳大利亚教师教育改革进程中卓有成效的一项举措。

2. 统一教师职前教育认证

教师职前教育方案的国家认证具有强大的权威性，打破了州政府各自为政的传统，方便了师范毕业生的州际流动。而且国家认证在实践中起到了去粗取精的作用，不但能够甄选出优秀的教育方案，还可以将不合格的培养方案排除在外，使职前教师教育的管理更加规范，有利于提高教师职前教育质量，促进教师专业发展。

3. 优化弱势地区师资配置

促进教育公平是当今世界教育改革的重要议题。培养教师全纳能力，招募优秀人才加入教师队伍，关注弱势地区，扶助薄弱学校成为澳大利亚教师教育改革的重要组成部分。依托优化师资配置促进教育公平的方式得到了更多人的认可。

4. 培养教师 21 世纪技能

21 世纪最明显的特征就是数字化、信息化、知识化。澳大利亚联邦政府开始致力于将信息通信技术融入教师职前教育中。以新技术为特征的教学情境设计可以为学生创设丰富多彩的、复杂而真实的学习情境，让学生通过网络、多媒体和角色扮演等多种方式理解知识和表现知识，进而提高学习成绩。

## 五、案例经验与启示

以澳大利亚为代表的教育管理大国，它们所制定的宏观政策反映了国际教育信息化管理的新动向，这些发展新趋势对于我国加强教育信息化管理，制定与教育信息化管理的相关政策文件带来了启发和挑战。

### (一)关注信息化领导力的发展

“数字化时代的高效率使领导者面临诸多前所未有的挑战，他们不得不改变原有孤立的教学、学习与管理模式，为学校创建一种系统化的发展与变革愿景。”不管在什么领域，进行信息化改造都不是一件简单的事，它需要整合各方面的资源，从战略高度进行规划。同样地，校长信息化领导力既需要校长不断提升自身能力和信息素养，也需要得到来自政府和教师等更广泛的支持。不管是美国颁发的面向管理者的国家教育技术标准，还是澳大利亚 MCEETYA 提出的非常详尽的领导力策略，都强有力地说明教育信息化管理最重要的资源是管理者(“人”的要素)，而学校管理者要发挥好管理和领导的职能，同样需要得到支持。

### (二)政府掌舵式的管理

在澳大利亚的教育信息化管理政策中，可以发现众多协会以及州政府进行了分工与合作。例如，教育和培训机构要制定跨区域的政策，由 MCEETYA 认可，并继续支持研究信息经济问题的唯一全国性组织——澳大利亚教育网络咨询委员会(ERC)的工作。政府在这个过程中并没有直接介入教育管理，放弃“划桨”而只发挥“掌舵”的功能，引领国家、区域教育信息化进程的大方向。

政府在教育信息化管理中的作用、地位和各国国情也有很大关系。中国、法国等是集权型教育制度模式的代表，强调国家办学、集中统一管理，但掌舵式的管理思想在我国也未尝不可以借鉴。比如，基础教育管理存在教师疲于应付上级的各种检查、苦不堪言的状况，所以教师需要一个能够把政策制定(掌舵)与直接干预(划桨)分开的政府，从而把教育专业自主权还给教师。

### (三)教育分权化

20 世纪末，在澳大利亚、英国、美国、加拿大、新西兰以及其他许多国家，学校管理均显现出一个发展迹象：教育管理的权力和责任向公立教育系统中的学校层面转移——政府所确定的课程框架和效能核定标准虽然有效，但学校在日常运行和如何改革发展方面，拥有了前所未有的自由度。

新西兰从 1989 年开始改革中小学的管理体制，由教育部门直接管理学校改为学校理事会自主管理，扩大了学校的自主权。到了 1992 年，新西兰所有中小学都建立了学校理事会，负责对学校重大问题的决策和监控，如学校经费使用、课程设置、学校规划、对学校评估等。理事会由学生家长选出的社区代表、校长及教师、学生代表共同组成，并以家长选出的代表为主体。校长由学校理事会聘任，执行理事会的决定，定期向理事会报告工作，与理事会成员共商学校大事，协调一致地管理好学校，使学校教育更好地适应社会发展的要求。

### (四)人本管理

在教育信息化管理中，要时时牢记人是最关键、最核心的要素。教育信息化管理最终的目的是提高学生学习效率，改善学习效果，并促进教师专业化发展和学校特色发展。审视教学管理中的诸多问题，从一定程度上讲其产生的原因是教育管理者对教学结果给予了更多的关注，而忽视了对教学过程的关注；教学过程单纯强调教学内容的科学性和思想性，淡化了教学过程的教育性。即使在今天强调用迅猛发展的信息技术来增强教育管理，提高管理效率，但更应关注人的发展。

管理的服务对象最终是人，而管理的主体最重要的也是人。学校没有高素质的管理人才，即使使用最先进的管理设备和系统，管理水平也不可能得到长远提高。所以对于学校管理者领导力的培养势在必行。不管是日常管理职责，还是教育信息化领导的艺术都需要通过恰当的政策推动和激励措施得到增强。

### (五)教师的参与

在推动学校教育信息化进程中，校长不一定是技术专家，有可能还是外行。在学校组织中，校长的角色要从传统的个人集权式领导者转变为支持式领导者，引领学校群体成员共同分担领导职能，最大限度地发挥学校组织的群体领导力，从而更高效地推进学校的教育信息化建设。

管理的本质是协调，教育信息化管理追求的同样是一种和谐，个性与统一、自洽与协同。通过对比国内外在教育信息化管理方面的不同做法可以看出，教育信息化管理最重要的资源是管理者(“人”的要素)，而学校管理者在信息时代有了更多的权利和责任。他们肩负着管理与领导的双重任务。其中管理关注的是学校管理信息化中管理运作的维持；领导关注的是学校战略问题，注重学校在信息化进程中的创新和变革。为了促进教育信息化管理工作的顺利实施和长远发展，管理者需要做到管理职责与领导艺术的融合。因此，对于我国教育信息化政策制定者而言，下一步需要对于教育管理者的培训和专业化发展提供更多的政策支持和技术、资金、人员的投入。

## 第六节　印度教师职前信息化技能培训

### 一、基本信息

表 4-11 概括了本案例的基本信息。

**表 4-11　案例基本信息**

| 案例名称 | 印度教师职前信息化技能培训 |
|---|---|
| 案例范围 | 印度 |
| 实施时间 | 2005 年 |
| 主要实施者 | 印度政府 |
| 相关网址 | http：//www. unescobkk. org/fileadmin/user _ upload/ict/Misc/TT _ India. pdf |

### 二、案例概述

印度教师信息化技能培训案例主要是分析印度职前教师 ICT 培训计划和发展，并进行一系列的研究。做出初步的需求分析，进行深入的评估和跟进；并根据目前的国家战略和解决方案，来了解培训过程中遇到的问题，为职前信息技术教师在每个国家的培训进展中提供评估和计划的最佳路径。信息技术服务的职前教师教育计划的主要目标是使有资格并有能力的教师使用信息技术的工具补充传统教学方法的不足，从而实现促进学生学习的目的；使用信息技术的工具，以保持教师在所教领域的最新发展，促进教师的专业发展。通过职前 ICT 培训计划，教师能够使用信息技术进行教学，实现信息技术与课程整合；学生能够利用信息技术进行自我学习，并鼓励学生能在未来的研究和职业选择中应用信息技术。

## 三、案例实施与推进

### (一)实施背景

印度是一个幅员辽阔的国家，有超过十亿的人口分布在三十多个州，每个地区都有各自的教育体系。印度近几年来在信息技术的应用方面取得了令人瞩目的进步，然而在教师教育领域，印度已经落后于其他国家。

在印度，教育资源稀缺和分配不均衡一直是困扰着印度社会的重要难题。印度教师的短缺量已超 50 万，此外尚有 66 万名教师需进一步培训。而且，印度的教育系统仅能照顾一半国民的教育需求。这意味着许多身处偏远地区和收入水平低下的印度人特别是年轻人不能得到良好的教育。因此，莫迪政府提出“数字印度”，政府希望借助互联网的力量提高印度国民的受教育水平。在多方因素的作用下，在线教育产业进入了发展的快车道，印度制订了教师职前 ICT 培训计划。

### (二)实施方案

1. ICT 在培训计划中的应用

大多数教师培训机构都配备了一个由 3～10 台电脑组成的“计算机实验室”，往往是过时的预奔腾品种，包括一些外围设备，如点阵打印机、电视、VCD，一些预装的通用应用软件，一些多媒体教育软件和备用的短时间电源。设施的使用大多局限于实验室，偶尔延伸到研讨会大厅，很少到教室。虽然多媒体计算机系统通常是可用的，但液晶投影仪对于大众来说价格太高。

2. 制订培训方法

在印度，即使在一个有良好的基础设施和教学设施的环境中，教师大多数不使用信息技术进行教学，一般采用长期使用的“满堂灌”的教学方式，他们往往更喜欢轻松、因循守旧的教学方式。应用信息技术的教学应该成为最有力量的教学方式，成为主体教学。制定培训方法，让信息技术的工具和技术应用于教学，更好地帮助教师进行教学。

3. 教师培训在远程学习系统中的使用

一些开放大学，如英迪拉·甘地国家开放大学(IGNOU)，提供的远程教育系统为职前中学教师设置教育课程。虽然它们采用各种电子媒体，包括电视、广播和基于 Web 的应用程序，大部分的教学过程仍然需要使用印刷材料。

4. 制定培训方案和课程期限

在印度国家教师教育委员会(NCTE)的倡议中，职前教师培训计划由一年制改为两年制课程。此外，学生的入学资格已经从预科到大学前的 10 年增加为 12 年，学完才能授予毕业证书。要求拥有大学学位入学资格的二级职前教师培训计划仍然是一年制课程。在教育硕士学位(MEd)课程中引入信息技术，一些机构还提供了一个更先进的版本，它作为一个选修。

5. 信息技术教师的培训要求

印度现有的教师教育机构工作人员应该至少有一个教育硕士学位，并有一些学校教学或教师培训的经验。他们对教师主要进行以下培训：区分硬件和软件的概念；区分系统软件和应用软件；熟悉基本的 Windows 操作环境、基本的编程概念；创建多媒体演示和幻灯片；交互使用多媒体教育软件光盘；使用互联网进行电子邮件和文件传输；对操作系统的功能进行了详细的研究，对硬件、外围设备及附件也要进行更深入的研究，如网络、系统编程、应用编程、结构化的编程语言(C 语言、Pascal 研究或 C＋＋)、面向对象的编程概念、文件管理、数据库管理、互联网和网络技术。

**(三)实施效果**

1. 完善的培训认证系统

印度所有的教育机构制定符合国家教师教育委员会要求和标准的师资培训计划，ICT 课程已成为培训课程的一部分，并且教师培训机构都附属于各个教育机构和大学，授予学生的学位是公认并有效的，增加了各地教师的就业机会。

2. 制定教师教育资格标准

印度国家教师教育委员会制定出关于入学条件、基础设施、教学设施、教师教育资格、计划的定期修订或更新、教师教育课程、信息技术的组件等的标准，已被所有利益相关者接受，确保适应不断变化的场景和全球发展。

3. 发现职前教师 ICT 培训计划中存在的问题

教师职前 ICT 培训存在一些问题：基础设施、教学设施城乡失衡；在大量的村庄没有电可用，即使是在市区，供应量只有一天；硬件、软件和其他基础设施成本高；在教学过程中现有资源不足，利用率低，包括无线电台和电视；硬件时常需要更换；教师教育专业中新发展或倡议的接受和消化的速度慢；ICT 集成水平低；信息技术的工具仍然被视为新奇，而不是普遍的。

## 四、案例特点与创新

### (一)案例特点

1. 限定入学资格和评估参与者表现

初级课程进入者的最低入学资格是在学校教育的十二年中所有课程均及格；二级课程进入者的最低要求是拥有一个大学学位，并在每年的入学考试科目中成绩在国家一级。在课程培训过程中对学生的表现进行评估，综合使用形成性评价与总结性评价。一部分评估使用内部方式，采用持续综合评价的过程；另一部分评估使用外部方式，通过年度(或学期末)来进行外部检查。

2. 认证培训文凭和增加就业机会

在一个为期两年的教师培训计划结束时，教师才有资格获得教育文凭。对于有学历资格的教师，大部分就业机会主要是由州政府提供的，并且有硕士学位的教师在一所学校的学科和学位水平要达到高等学校的教师在国家和中央的水平。

3. 教育机构课程资源丰富

大多数职前教师教育机构都配备了一个计算机实验室或教育技术实验室，以下是基本的 ICT 硬件和软件项目所需的系统：3～10 台多媒体 PC 系统、显示器、硬盘驱动器、软盘驱动器、普通打印机(点矩阵或喷墨)、微软办公套件、一些项目的支持软件(包括防病毒软件)、一些关于CD的学校课程的教育软件、光盘或VC播放器、电视、超投影仪等。此外，在一些更好的机构中会使用以下设备：扫描仪、激光打印机、液晶投影仪、电子版本的普通百科全书、音频系统、相机(电影或数字)、摄像机(磁带或数字)等。

**(二)案例创新点**

印度职前教师ICT培训计划是针对教师培训并以信息技术为手段，以全面、新颖的方式进行创新的举措，并且在学校在职培训会议中使用双向音频和单向视频进行交流。印度教师信息化技能培训，不仅可以极大地促进教师掌握计算机及其网络这一现代生活的基本技术，而且可以促进思维训练，更重要的是可以开阔师生的视野，转变观念，培养现代信息技术技能以及与信息时代相适应的意识。

印度在教师培训方面取得了较好的成效，国家方面值得借鉴的地方有：政府的坚定承诺和支持；国家教师教育委员会和认证机构的监管作用；提高对信息通信技术的有用性的认识；强大的知识型经济的影响；硬件和软件资源的可用性；非政府组织的自由支持；信息和通信技术的传播等。

## 五、案例经验与启示

**(一)明确任用标准，规范教师行为**

为了保证高校教师队伍的质量及高等教育的质量，印度政府制定了严格的任用与晋升制度。正是由于印度实行了如此严格的任用制度，所以印度高校教师的高学历层次在发展中国家是十分引人注目的。印度政府所制定的严格的任用标准，对规范高校教师的行为，提高高等教育质量起到了一定的促进作用。我国也应该明确任用标准，规范教师行为。

**(二)完善全国性教师发展中心**

我国于2013年，由北京大学、北京理工大学、东北师范大学、东南大学、复旦大学等高校的教学发展中心共同倡议，成立了“两岸四地高校教学发展网络”。这说明在教师培训和教师发展方面，我国尚处于起步阶段。因此，印度英迪拉·甘地国家开放大学拥有一个全国性的教师培训机构，其理念以及在定位、处理与其他机构的关系、组织框架建设、信息获取能力、资源与奖励、质量保证等方面所做的工作和取得的经验都值得我国借鉴。

**(三)开展多种形式的培训以满足多元化需要**

印度不仅重视专业受训者的培训，同时开展非专业受训者的培训。面对如此庞大的队伍，为了满足不同群体的需求，印度开展多种形式的培训项目。教师及相关人员可以通过培训获得证书、文凭甚至学位，这种全国性的认证促进了教师及机构参与培训的积极性。此外，还定期制订培训手册，出版高水平国际刊物，召开主题会议，扩大了自己的影响力，激发了接受远程教育的个人与机构的学习积极性。我国目前的教师发展活动比较分散，没有形成明确的主题，教育资源无法得到更好的整合，配套的支持体系还不成熟，教师发展活动仍然停留在个人、学校层面。所以，印度开展的多种形式的培训对于我国的教师发展和培训具有重要的借鉴意义。

## 第七节　哈佛大学教师在线 WIDE World 学习培训

### 一、基本信息

表 4-12 概括了本案例的基本信息。

**表 4-12　案例基本信息**

| 案例名称 | 哈佛大学教师在线 WIDE World 学习培训 |
|---|---|
| 案例范围 | 美国、中国、新加坡、巴基斯坦、乌干达、澳大利亚等 |
| 实施时间 | 1999 年 |
| 主要实施者 | 哈佛大学教育研究院 |
| 实施对象 | 教师 |
| 相关网址 | http：//learnweb. harvard. edu/wide/en/ |

### 二、案例概述

WIDE World (Wide-scale Interactive Development for Education,

WIDE)项目即教育者的大规模合作发展培训项目，由哈佛大学教育研究院主办，专门为教师开展新教学提供在线培训课程。有关的新教学方法包括“为了理解的教”(Teaching for Understanding)、加德纳多元智力理论，以及它们与新技术的整合。WIDE World 项目的主要学习方式是在线学习和异步交互。学员通过访问一个课程和教学管理平台来学习，该平台整合了报名、讨论区、资源库、协同备课工具，以及监控和记录工具等功能。WIDE World 项目的核心设计是每个学员都配有一名提供网上指导的导师。开课前学员按地区、学科、兴趣分组并被指配一名兴趣相同的导师，小组学习贯穿课程始终，教师学完后将获得培训证书。目前该项目已在中国、新加坡、巴基斯坦、乌干达、澳大利亚等多个国家推广，具有相当规模。

该项目的显著特点是课程的每 10 个学员就配有 1 个同伴辅导教练，教练为每个学员提供反馈并鼓励他们不断参与在线交流和讨论。学员的学习活动主要是通过案例学习新理论，然后进行教学设计并应用于自己的教学实践中，同时与他人分享和评价学习成果。[①]

## 三、案例实施与推进

### (一)实施背景

WIDE World 项目是哈佛大学教育研究院(HGSE)在 30 多年研究与实践基础上开发的一个创新职业发展项目，是基于 1999 年 HGSE“零点项目”和 HGSE 教育技术中心的一个合作计划而开发的，核心思想是“为了理解的教与学”(Teaching and Learning for Understanding，TLFU)。WIDE World 项目的共同创始人戴维·珀金斯(David Perkins)博士和斯通·威斯克(Stone Wiske)博士认为理解是教育真正的核心目标。所有教师都在以自己的方式努力建构学生的理解。TLFU 把理解放在最显著的位置，其最主要的思想是通过让学生参与积极的学习，把学习与学生的生活相联系。TLFU 强调理解的“表现观”，即当学生真正理解某个东西时，他们能以正确的方式将其表现出来，能灵活地思考并应用它。

---

① 陈莉，刘颖．从教师培训到教师学习：技术支持教师专业成长的途径与策略[J]．中国电化教育，2016(4)：113-119.

TLFU基于研究和经过课堂测试的框架，整合了有效教学的因素，在以理解为目标进行教学时，建构学习者的理解能力。项目包括生成性话题，即要对学习主题进行选择，选择的主题既要对学科非常重要，又要能吸引学生和教师参与，并能与学科内其他主题或其他学科建立多种联系；理解目标，要清晰、明确地表述要求学生理解的内容，要针对学科中的重要概念、方法、过程和形式，强调阻碍学生形成理解的瓶颈内容以及学生容易形成的错误理解；为学生提供机会，让他们能在新情境中积极、有思想地运用所学的知识，在表现中发展并证明其对理解目标的理解程度；持续进行的评估，在教学过程中，教师、学生(家长或其他专家也可以参与评价)要不断地评价理解正在如何发展，以此来改进教与学。WIDE World项目的所有课程是以TLFU模式为基础的。

WIDE World项目根据“为了理解的教”理论，设计了四个原则促进教师从观念到实践的变化：一是课程设计基本原则。包括课程主题应是生成性的，且与教师的关注点和发展目标息息相关；课程大纲和子单元必须阐明学习目标；课程活动应是丰富的、促进教师理解的活动；导师、同伴及学员要依据标准评价作品。二是支持“边学边用”和反思。WIDE World项目的主要课程活动是学员从案例中学习新概念和理论，然后通过课程设计将其应用于自己的教学实践中，并与他人分享和评价试验性成果。三是导师指导。导师指导是WIDE World项目的核心设计和承诺。这些导师多数为兼职的往届优秀学员，在接受特定培训后，除了帮助学员适应在线学习环境外，导师的首要任务是为学员提供个性化指导，帮助他们将所学新概念或理论逐步“同化”到原有的理论体系和教学实践中。四是建立反思性、合作性的专业社区。为更好地开展小组学习，WIDE World项目鼓励学员以小组方式报名培训，学习过程中导师就如何进行小组协作进行示范，包括如何与同伴交互、共享作品、依据标准评价等。①

### (二)实施过程

1. WIDE World项目的培训模式

WIDE World项目由三种相对独立又彼此相连的培训项目组成。

① 林秀钦，黄荣怀，张宝辉．技术支持的国际教师教育项目对我国教师教育发展与变革的启示[J].中国电化教育，2008(5)：8-13.

(1)教师的培训项目

教师通常作为学校或地区行动的一员参加 WIDE World 项目，参加一门或几门在线课程，课程会帮助教师应用经研究证明有效的策略，改进学生的参与度及表现。在课程中学员将学习如何制作基于标准的课程，如何清楚地表述学习目标，如何将教室活动与真实世界相连接，如何把对学生表现的连续评估整合到教学中，如何帮助学生成为积极的自我评价者和同伴评价者，从而促进他们对内容更加深刻的理解。谢利·福尼尔(Shelly Fournier)等四人是美国二年级的数学教师。2004 年，她们参加了 WIDE World 项目提供的在线数学课程。通过在线学习共同体，她们与世界各地的参与者进行了积极的交流，发现她们的思想和方法能被真正的“数学界人”验证，让她们受到极大鼓舞。同时，她们团队内部的交流也变得更流畅。她们将在课程中学到的带入自己的课堂，结果发现学生变得更自信。团队参与的方式让她们受益良多。

(2)教师领导者的培训项目

该培训项目是为希望改善领导技能的教师所创建的。完成教师培训后，教师可由所在地区和 WIDE World 项目提名成为在线课程教练。由被提名者决定要教哪门课(前提是必须完成这门课)。他们要先参加一个在线教练发展课程，然后可成为一名见习教练。见习期间，他们会与一名经验丰富的指导教练一起工作。通过审核的见习教练将在 WIDE World 项目在线课程中担任正式教练。在课程中，学员将学习如何对同伴作出有关计划课程、改进学生表现和评估学生的理解等方面的有效反馈；如何与本地和国际教师专业社区一起开发、交流和合作新策略；如何成为本地或国际同伴的教练；如何提高学员自身的职业发展。林·塔克(Lin Tucker)是一位数学和科学教员，还承担了很多教职员培训任务。2006 年 1 月，她应邀参加了 WIDE World 项目教练课程。课程教会她如何有效指导其他人学习 TLFU 框架。作为“见习教练”，她获得了多种多样的评估工具，这些工具使她把重点放在运用合作、探究的方法评估学员在基于网络的异步讨论中的工作上，以及与学员的交流和促进他们的发展上。

(3)学校领导者的培训项目

学校领导者会被邀请参加一个 WIDE World 项目的多年行动计划。该项目是根据该学校或地区的需要而创建的，帮助学校领导者在其学校或地区创建并维持一种理解的文化，开发一种共享的评价语言，促进在线和现场的交流，并构建改进的能力。学校领导者和 WIDE World 项目共同为他们的教师设计了一个职业发展项目。他们可以选择参加“为了理解的领导”的项目，是一门为学校领导者介绍 TLFU 框架，并帮助他们在其学校或地区支持并开发一种以探究为导向的学习文化而专门设计的课程。澳大利亚 A. B. 佩特森(A. B. Paterson)学院是一所采用 TLFU 方法的学校。学校领导者认识到要跟上这个快节奏、复杂的世界，必须在教与学的实践中做出深刻的改变。学校拥有一致的方法以实现目标；共同的语言可以进行职业对话；使学前班到十二年级的学习自然连贯的共识；让所有教师员工持续进行职业学习的承诺。①

2. WIDE World 项目的在线课程结构

(1)团队合作：WIDE World 项目的管理模式

团队合作源于 WIDE World 项目与学校或地区合作举办的项目接受团体的培训以及个人或 3～4 人的小团队报名。WIDE World 项目从研究和经验中发现，以团队形式参与，提高并鼓励了对课程内容的参与度和实际应用。团队成员可以相互支持，运用一种共同的教育语言和框架，在他们当地的情境中制定共同的策略。成功团队的必要条件包括团队要求有 3～4 个成员；团队成员教授相同或相似的科目，或有相似的管理角色；团队成员教授相同或相似的年级；团队成员在相同或相似的学校或地区工作。

(2)WIDE World 项目课程的构成

一般一门 WIDE World 项目在线课程分为六个单元，每单元持续两周(短期班和教练发展课程除外)。第一单元前有一周的导言部分，使学员熟悉课程环境和相关规定。每单元开始时，教师会介绍新内容，总结并陈述先前阶段学员的对话，布置新单元的各种任务和截止日期。每单元需要学员完成的任务包括通过阅读材料、多媒体、网站等方式思考和学习；设计或修改课程，创建教学材料以在自己的教室或学校中运用；在自己的教室或学校中应用新课程和新策略；与教练和学习组的其他学员参与在线讨论，分析其工作，并对其他学员的作业做出反馈。这些活

① 杨蓓玉等．为了理解的教/学——哈佛教育研究生院 WIDE World 项目研究[J]．教师教育研究，2008，20(1)：74-78.

动可以促进对有效教学策略的积极应用和职业共同体的发展。

每门课程由一位教师和几位有经验的教练指导。教师负责设计并监督课程，每一位教练带领一个学习组工作。根据所教年级和科目，把学员分到不同学习组中，每组由大约 10 个个人或小团队组成，并为每组分配合适的教练。组织学习组的原则是为学员提供最令他们共同关心的指导和最有效的交互。教练的任务是协调小组的在线讨论，提供持续的反馈，支持整个学习组的互动。教练都接受过 WIDE World 项目培训，熟悉 TLFU 模式，有丰富的教学经验和娴熟的在线交流技能。团队成员在整个课程中共同工作，目标是提交一个课程单元或课程计划。每个团队对大多数的作业只提交一个共同的回答，并为课程完成一个共同的作品，团队成员轮流作为“团队报告人”，报告人的职责是将团队成员共同完成的作业整理成一份完整的团队回答，提交到课程讨论区。

一般每门课程总共需要大约 42 学时完成作业，2～3 学时完成课程问卷调查。投入课程的每一个学时都会得到职业发展学分，完成 35 个学时以上的人可得到 WIDE World 项目颁发的证书。

### (三)实施效果

目前，WIDE World 项目已培训了超过 6 000 名的学员，影响力波及 70 多个国家。其影响主要体现在四个方面：一是对教学实践的影响。由教育发展中心独立做出的对 WIDE World 项目的评价发现，学员在将原理应用于实践的能力方面有显著进步，同时学员也认为课程内容对他们的工作很有用。二是对学生学习的影响。在课程结束时和一年后，95％～97％的学员认为学生的学习有所改善，表现在更专心、提问的类型和理解的深度上，学生对自己的学习负起更大的责任，并产生了更高质量的作业。三是运用技术的进步。课程结束时的调查显示，学员对在线交流技术的态度有了显著提高和更多信心。四是对课程的满意度。70％的学员认为该课程比参加过的其他职业发展课程好；90％的学员认为教练在指导讨论中是“有效的”，在其他方面是“支持的”。

## 四、案例特点与创新

网络技术在整合 WIDE World 项目各设计原则时起着重要作用。首先，灵活的在线交流突破了不同学校之间的限制，使教师之间能够维持长期的交流。其次，在线教师专业发展项目也显示了自身优势，具体表现在异步的协商与反思比口头交流更为深入；学员能看到他人的作品；导师对学员的指导在短时间内能被“放大”传递给所有学员；能同时推动教师个体发展和合作性专业发展社区的形成；导师帮助学员将所学新理论同化到已有的认知系统和实践中。

通过上述分析，可总结出 WIDE World 项目有如下特点：面对面交互有效地与在线课程融合在一起，强化了对教学过程的理解；获取学习资源非常便捷；通过在线方式获得人与人之间的学习体验；WIDE World 项目课程以支持性的学习文化和对每个学习者给予个性化的辅导而区别于一般在线课程；简化在线学习，使之与面对面环境下的学习一样简单；WIDE World 项目开发了在线工具和网站，为在线学习提供便利；关注学习者的终身职业发展；WIDE World 项目发起了一个校友共同体，学员可以在课程结束后继续享受富有深刻见解的讨论和反馈。

## 五、案例经验与启示

WIDE World 项目为我国教师教育的内容与形式都提供了一种全新的实践视角；相对于我国传统的教师教育模式来说，其对教育的理解便于在实践中得到实现，并能推动对教师教育目的及教师形象的理解与发展；WIDE World 项目的培训过程，本身就是一个不断反思的过程，在实践中体现了教师应以自我实践中的问题为反思起点的思想，通过构建在线反思线索，使教师掌握反思策略，加强系统的理论学习，彻底改变传统的培训方式；确保了教育理论在教师教育中的专业地位。我国的教师教育应从 WIDE World 项目的实践过程中得到发展，广大教师教育理论研究者和实践者应不断开发出符合教师教育理念与特征的、符合我国教师教育实际情况的有效职前、职后培训模式。从 WIDE World 项目中可以获得如下一些启示。

### (一)依托师范院校开展在线教师教育的探索性研究

教育项目没有明确的设计纲要可以遵循，技术支持的教师教育项目更是如此。由于不同项目的情境不同和数据的不足，很难比较哪些策略或设计更有效、更长远。因此很有必要在规模推广之前采用开发性研究方法开展小范围的探索性研究。WIDE World和美国PT3(Preparing Tomorrow's Teachers to Use Technology，PT3)的许多优秀项目都是以大学为主体，原因是大学的教师教育院所积累了丰富的教师教育经验。为此应依托一些有经验的教师教育院所来探索不同模式技术支持的教师教育在我国的可行性。这种探索性研究需要经历一定阶段，并且需要多方参与，包括学科专家、教育专家、教师教育专家、教育技术专家等。依托远程教育试点师范大学和国家开放大学(原中央广播电视大学)等首批成员单位，也是"网联"现有的基本思路。但网联结构复杂、系统庞大，还需进一步厘清并落实各研究单位的项目与活动。

**(二)通过技术与教师教育的整合，在新教师培养、支持与在职教师进修之间架起桥梁，推动职前职后教育的一体化**

实现职前职后教育一体化，是信息时代教师教育的发展趋势，也是当前我国教师教育变革的目标之一。一方面，精心设计的在线活动可以加强师范生与在职教师间的交互，从而改善师范生理论学习与教学实习相分离的问题。例如，"探究学习论坛"(Inquiry Learning Forum)的视频案例和在线讨论使师范生和教师双方都能获益。另一方面，借由网络技术搭建的专业发展系统，不仅可以作为短期教师培训项目的支持平台，也可以作为开放社区，为各类教师的日常学习与反思性实践提供持续性支持(新手教师尤其需要)。当然"一体化"目标的实现需要长远的规划和分步骤的实施，包括组织机构、制度、技术等各要素的统筹规划，目前可以先从较为可行的教师教育机构与中小学校合作培养教师开始。

**(三)构建在线学习社区，合理设计应先行**

"学习社区"是信息时代教师专业发展的关键理念，几乎所有项目都试图利用网络技术创建"学习社区"来促进教师的分享与合作。但是项目经验表明，构建学习社区并非易事，它不只是把教师集中到网络上，也不只是对讨论区、资源库等组件的拼凑，其关键是设计一定的社区资源和活动机制使学习社区具有不断自我发展的特性。首先，资源必须与教师实际教学需求相关，否则教师不会访问，资源也得不到反馈与更新；其次，社区活动必须结合并超越传统的教师专业发展活动，否则活动将失去开展的意义；最后，需要有一定的建设机制保证社区的发展活力，包括协作角色机制、交互与资源建设的衔接机制、知识管理机制等。所有这些都需要合理系统的理论设计和实践检验，如此才能更加明确技术的定位，更好地抓住关键问题、平衡资源分配。

## 第八节　美国 PT3 项目支持职前教师教育技术培养

### 一、基本信息

表 4-13 概括了本案例的基本信息。

**表 4-13　案例基本信息**

| 案例名称 | 美国 PT3 项目支持职前教师教育技术培养 |
|---|---|
| 实施地区 | 美国 |
| 实施时间 | 1999 年 |
| 主要实施者 | 美国联邦教育部(US Department of Education) |
| 实施对象 | 大学教师、师范院校学生、中小学教师 |
| 相关网址 | http：//www.wmich.edu/pt3/ |

### 二、案例概述

PT3(Preparing Tomorrow's Teachers to Use Technology，PT3)项目即“培训未来的教师使用技术”项目，是美国联邦教育部针对职前教师教育技术培养而启动的大型资助项目。其目的是鼓励和支持职前教师进行技术教育的创新实践，加速培养满足信息时代要求的高素质教师；研究、探索和推广成功的职前教师技术教育模式，以使未来的教师精通教育技术，并能有效地将技术整合运用到教学中去，促进和改善学生的学习。[①]

该项目自 1999 年启动，资助教育技术应用与培训项目 500 多个，受资助者包括学院、大学和各级各类教育机构的职前教师，参与项目的教

① 李中国．美国 PT3 项目特点与借鉴[J]．中国远程教育，2007(2)：76-78.

师占全美国教师人数的一半以上，且收到了较明显的效果。PT3项目通过正式培训、顾问制、合作小组以及激励的方式，在各学院、大学和各级各类教育机构中开展。[①] PT3项目主要从三个方面对教师进行培训：专业发展策略强调技术应被整合应用于教师教育的所有课程中。课程的改革合作强调教师不应该是教科书的执行者，而应是教学方案(课程)的开发者，即教师是“用教科书教，而不是教教科书”。激励强调教师要真正关注学生的全面发展，不应该因循守旧，固守以往的教学方式，鼓励教师在教学实践中大胆创新，勇于实践。

## 三、案例实施与推进

### (一)实施背景

1998—1999学年度，美国在中小学计算机设备和网络技术方面的投资超过55亿美元(每个学生119.22美元)，目前已经有超过98%的学校和77%的教室已经连上了互联网，教师和学生可以随时上网浏览和搜集相关资料。然而，技术设备方面的投入与教师培训方面的投入不是平行增加的。美国政府大约有69%的资金投入硬件方面，大约有17%的资金投入软件方面，却只有大约14%的资金投入教师的技术培训方面，对教师培训方面的忽视导致了中小学大量设备的闲置或没有得到充分利用。实际上，美国国家教育数据中心的调查显示，只有不到33%的教师为运用计算机设备和互联网在技术上做好了准备。因此，美国联邦教育部提出了未来教师运用技术预备计划。PT3项目由高等院校、州政府、学区、非营利组织等共同承担，其目标是保证每一个即将走上教学工作岗位的教师能有效地操作计算机，并把它运用于具体的教学，创建一个21世纪的学习环境。[②]

### (二)实施方案

在执行PT3项目的最初阶段，相关项目的研究者主要把精力放在提供设备支持和技术支持上，但随着计划的不断推进，发现仅仅做到这

---

① Leslie D. Hall, Clint Fisher, Sandra Musanti & Don Halquist. What Can We Learn From PT3? [J]. TechTrends, 2006, 50(3): 25-31.

② 钱小龙，康翠．美国PT3计划给我国教师信息技术培训带来的启示[J]．教育信息化，2005(10)：68-73.

些是不够的。为此，根据实际情况提出了与计划有关的三种辅助手段：建立协作体系、注重模式化、及时反馈。

1. 建立协作体系

在PT3项目执行过程中，协作体系由不同成员共同建立，每一个成员都有具体的分工，他们能从不同的角度为彼此提供技术的、教法的、道德的支持，为教师教育顺利实施准备条件，共同担负对未来教育的责任。

协作体系由以下成员组成。一是给教师以及教师培训成员提供技术上的指导与支持的人员，即技术顾问；二是正式在学校上课任课的各科教师，即在职教师；三是即将成为教师的大学生，即职前教师；四是负责对教师进行信息技术教育的培训人员，即大学教师；五是在某一个学科领域富有经验的专家或一线教师，即学科领域专家；六是学校保证教学顺利进行的各级人员，即员工。

2. 注重模式化

技术顾问、在职教师、职前教师、大学教师、学科领域专家与员工六个协作成员组成了一个学习团体。在真正的学习团体内部，所有的参与者要以在职教师和学生为中心，为在职教师和学生服务，要把建立某种形式的学习型社会作为他们努力方向的一部分，把彼此的评价作为工作中解决实际问题的来源。模式化的活动几乎都是在团体的努力下渐进发展的，技术顾问、学科领域专家、大学教师、职前教师和在职教师共同合作来创建强调技术的课程时，那种把技术运用于有效教学的实践过程就促使了一种模式的产生，共同合作创建的教学实践模式能帮助职前教师在实施课程教学之前理解“强调技术的课程”应该是什么。模式化的活动能够为如何完成一项复杂工作提供重要的信息，还能增加研究人员的信心。如果创建和实施强调技术的课程的过程很复杂，那么当教师努力提高自己的专业水平的同时，就很有可能从观察不同水平的专家演示中受益。

3. 及时反馈

任何一个项目实施的效果如何都需要参与者的反馈，及时的反馈能使研究人员了解计划进行的程度从而调整教师培训计划，促进参与者的进步。比如，范德比尔特大学(Vanderbilt University)项目针对职前教师的想法设计了反馈表，把其学习定位在基于反馈和需求的活动上。匹兹堡大学的参与者把反馈日志作为帮助他们从实践中总结出知识和经验的一种方式。

### (三)实施效果

PT3项目自1999年执行以来，先后有亚利桑那州立大学(Arizona State University)、衣阿华州立大学(Iowa State University)、内华达大学(University of Nevada)、匹兹堡大学(University of Pittsburgh)以及范德比尔特大学作为首批项目机构参与进来，从事一系列转变教师培养方法计划的研究，包括特殊才能发展，专门领域经验顾问以及重新审视并讨论这些课程结构。到2004年，接受PT3项目资助的教师总人数达到了100万，参与的机构也达到400多个。这些资助教师培训的项目将在每个州和地区同时展开，大多数基金将主要投放在低收入地区、乡村、少数民族地区及特殊人口地区。该项目已资助500多个教育技术应用与培训项目，受资助者包括学院、大学和各级各类教育机构的职前教师，参与项目的教师占全美教师的半数以上，且取得了明显的效果。其中在专业发展策略方面，美国亚利桑那州立大学的PT3项目让教育技术教师和学科教法教师共同设计职前教师完成实际教学体验所需的实习环境。在课程合作方面，美国衣阿华州立大学教育学院和四所K-6学校的项目让教师教育学院和中小学共同合作以达到教师技术与教育整合的能力培养。①

## 四、案例特点与创新

### (一)案例特点

1. 革新课程内容，强调理论结合实际

为了保证职前教师能在教学中有效地使用教育技术，做到教学与技术的有机融合，PT3项目主要从两个方面对原有课程内容进行了革新。

一是在所有的教师教育机构开设教育技术课程，并设计相应的学分。课程设计分为三种类型：初级、中级和高级，教师可以根据自身需要选择性地学习。主要在教学中培养未来教室的信息技术应用能力，如基本的计算机操作技巧、课件和视频制作的技巧与能力，另外还包括计算机原理、数据处理和编程语言的学习等。

---

① 刘月，江玲．美国PT3项目对我国教师培训工作的启示[J]．中国教育信息化，2007(8)：75-77.

二是强调教学中理论与实践的结合。在课程中融入教育技术的实践环节，并且通过物质激励来鼓励教师积极参与课程中。另外，还为教师设立实习基地，为教师实施课程整合提供实践平台。

2. 加强合作学习，创设“活”性课堂

PT3项目指出，教师要学会使用技术，不仅要对技术感兴趣，还要把它有效地整合到课堂中去。教师如果想在教室中充分使用技术，必须加强与学生的合作，创设“活”性课堂。

在匹兹堡大学，建立了学习者的合作社区，教师利用多活动、多讨论、多记录、多练习、多交流、多案例等多种方式代替枯燥的理论陈述，积极创建职前教师学习技术的浸入式环境，搭建理论学习与实践训练相结合的学习平台，运用“任务驱动、小组协作、案例教学、行动研究”等方法，把学习设置到丰富的、有意义的任务中，通过制作课件、网页等，为学员提供深层次的体会和感悟的机会。

培训学员大多来自不同的地区，有着不同的兴趣爱好和生活经历，通过各种活动，可以增强教师之间、学员之间、学员与教师之间的多元互动，激发学员的思维，充分调动学员参与学习活动的积极性、主动性，创设真正的“活”性课堂。

3. 强调过程性评价，注重教师教学能力

美国《国家教师教育技术标准》注重对教学过程所有环节和学生全面能力的考查，尤其凸显对学习过程、整体能力的评价。在教学伊始，教师向学员明确指出，一切活动和任务都是围绕着将来如何在教学中应用展开的，以激发学生学习的内在驱动力。在教学过程中，教学日历的安排、单元计划(教案)的制订、框架问题的设计、教学策略的选择、媒体的使用、课件的制作、计划时间表的实施和讨论活动等，要求所有学员都要完成。在学习结束时，通过对技术技能、计算机态度、个人兴趣偏好调查的记录，以及培训研讨活动评价、参与教师反思日志等对学员做出评判。为提高学员自我反思性学习效果，及时了解学员的学习情况，采用了“培训日志”的方式，为教师提供了将来进行教学自我反思的原始记录。

**(二)案例创新点**

1. 本科阶段开设教育技术课程

教师教育的专业机构必须要在本科阶段开设教育技术课程，学分为2

分，分两个阶段进行。如南科罗拉多大学(University of Southern Colorado)，在第二学年，学生第一次学习教育技术课程，学习内容主要是在中小学课堂中应用比较广泛的技术。在第三或第四学年，深入学习教育技术课程，培养教师在中小学课堂中运用技术的能力。在教育技术课程中，学生可以选择学习类型，包括初级、中级和高级三种。学生可以对初始技术能力水平进行诊断性评价，合理选择课程体系。

2. 设立中小学实习基地

PT3 项目指出，学生仅仅掌握软件的操作是远远不够的，必须把所学的技术运用到实际教学中才能真正发挥技术的作用，才能更好地掌握技术。

例如，南科罗拉多大学设立了 27 个实习基地来支持他们的教师教育计划，每个学生在本科阶段至少要花 800 小时在实习基地。在实习过程中，教师可以监督学生对技术的运用，同时提供可靠的技术支持和参考意见。学生在实习基地教学的同时，在教师的引导下，尝试制作一些基于技术的教学材料，实现技术与课程的整合。实习基地拥有技术运用的丰富经验，学生可以在教师的帮助下，结合自己的实习经验，客观地评价各种技术的运用价值，从而在以后的教学中能够恰当而有效地运用技术。另外，实习学生在新技术的获得和掌握方面与中小学教师相比有一定的优势，通过两者的合作，也为新技术在教学中的运用提供了一个试验的机会，因此也提高了技术应用于教学实践的速度。

3. 实现技术与课程的融合

PT3 项目强调所有的执行机构都要保证职前教师在进入教学岗位以后，能够充分地运用教学设计，恰当地把技术整合到课程教学中去，从而实现教和学的最优化。一些机构采取奖励措施，如提供奖金和其他物质刺激，来鼓励教师对课程教学进行改进和更新。另外一些机构则注重把技术设备整合到有关的教学实践计划中去，如初等教育课程。有的机构主张采用团队合作的形式，通过协商和探讨来共同对课程进行评价和分析，从而开发出切合教学实际的课程。这些措施通过相关机构的不断实践来实现技术与课程的深度融合。

## 五、案例经验与启示

### (一)开展合作型研讨，注重技术的实践运用

设计培训内容前要对目前的现实需求做全面深刻的分析。在培训内容上重视教学法、教育心理学、教学设计等多方面能力的培养。教育技术的培养不仅是学习理论知识，更为重要的是学会如何把信息技术恰当地应用于教学。以往设计的培训内容往往侧重教师信息技术的掌握，不注重和实际情况的联系，将培训内容及培训任务置于具体教学情境中，能够帮助教师更好地采用专题训练、行动研究、教学反思、自我设计、头脑风暴等形式，创设理论学习与实践训练的社区。

美国PT3项目成立合作型研讨小组，其基本的学习方式除"头脑风暴法"以外，还包括分享式讨论与批判式对话等。而我国常见的培训形式是专家讲座、班级授课等。针对不同培训内容的特点，变换培训形式，或者在不同培训形式中设计多样化的互动活动，能够启发不同学员之间的经验交换和共享，促进信息的流动和成功经验的推广。鼓励教师从反思的角度展开辩论或提出质疑，通过相互碰撞加深认识。

### (二)效果评价多元化，强调教师的现实需求

在培训效果评估中，一般通过信息技术测验或者教学设计成果为培训效果评定等级，这种培训评估方式较为单一。教师信息技术的考核要体现信息技术应用的特点，应该以技能考核和应用考核为主，采用形成性评价与过程性评价相结合的方式，从而能够打破传统评价模式的局限，加强对教学实践能力的考查，关注教师的信息化综合素养。

在完善的援助系统作为支持的前提下，考虑到不同学校的信息技术设备情况和师资情况，美国不同院校都有自己的培训方法。我国区域广阔，情况相对复杂，尤其是我国中西部地区的地方师范院校，毕业生主要面向本地区的中小学，这些学校信息基础设施较为落后。因此，有针对性地设计培训计划和选择课程资源，并与当地实际情况紧密联系起来，能够使培训的开展更加具有针对性和时效性。此外，为了进一步促进我国教师教育工作的规范化，开展信息技术相关领域的职业资格培训和考试认证工作，组织面向就业市场、以专业技术水平测试为重点的全国信息技术水平考试，建立全国信息技术人才库及人力资源开发服务尤

为重要。

### (三)进行精准化培训，合理选择培训的内容

我国教师培训从1978年至今，经历了补偿性培训、探索性继续教育、普及性继续教育和国家级培训四个阶段。2008年以来，中央财政加大对教师培训的投入，加大对中西部省份及边远地区教师培训的倾斜力度，全面展开国家级教师培训计划。当前在推进中小学教育信息化过程中，对中小学教师进行精准化培训是关键。在培训过程中要选择适当的培训内容、专业的教师培训队伍以及合适的教学方式。

首先，选择适当的培训内容。要认清教育技术与信息技术的本质区别。从教学实际需要出发，学习急需在教学中应用的技术，如网络基础知识、课件制作知识和计算机基本操作等，并让教师能学到一些有利于他们继续发展的知识，如数据结构、多媒体应用等。在学习信息技术时，教师不仅需要掌握技术，还需要在教学理论上有所突破。

其次，选择专业的教师培训队伍。教师培训队伍必须是既有理论知识，又有应用技能的从事信息技术的专业人员。在培训中充分发挥学员的主动性、积极性。

最后，选择合适的教学方式。为中小学教师选择合适的教学方式能够更快地提高教师的信息素养。根据教师的实际需求选择教学方式，如基于问题的教学，围绕复杂问题学员被分成不同小组，小组间进行协作学习，共同解决问题；“任务驱动”教学法，计算机网络教学等教学方式也可以运用于教师培训，选择合适的教学方式以提高教学质量和效率。